I libretti d'Opera

Nuova collana a cura di Eduardo Rescigno

Giuseppe Verdi

Rigoletto

Melodramma in tre atti

di

Francesco Maria Piave

Testi a cura di Eduardo Rescigno

Avvertenza. Ripubblichiamo senza varianti, se non di ordine
tipografico, la prima edizione del libretto, stampato in occasione
della prima rappresentazione dell'opera al Teatro La Fenice di
Venezia, l'11 marzo 1851 ("RIGOLETTO / Melodramma / di
F.M. Piave / musica / di Giuseppe Verdi / da rappresentarsi / al
Gran Teatro La Fenice / nella Stagione / di Carnovale e
Quadragesima / 1850-51 / [fregio] / Venezia / nella tipografia
Gaspari."). Nelle note sono segnalate le varianti fra il libretto
originale e la partitura autografa, utilizzando per il confronto
l'edizione critica dell'opera (Le opere di Giuseppe Verdi,
Rigoletto, a cura di Martin Chusid, serie I, volume 17, Chicago
and London, The University of Chicago Press / Milano, Ricordi,
1983). La fonte del libretto è il dramma in cinque atti *Le Roi
s'amuse* di Victor Hugo (Parigi, Théâtre Françqis, 22 novembre
1832), che Piave utilizzò direttamente dal testo francese; di
conseguenza, tutti i riferimenti sono condotti sulla fonte originale
(Oeuvres complètes de Victor Hugo, nouvelle édition, Bruxelles,
Societé Typographique Belge, 1837, tome I, pp. 97-158).

Indice

Il compositore

Giuseppe Verdi nasce il 10 ottobre 1813 alle Roncole di Busseto (Parma). L'istruzione elementare la riceve dal parroco delle Roncole, don Pietro Baistrocchi, che gli insegna anche a suonare l'organo, tanto che potrà esercitare ben presto le funzioni di organista; dal 1824 frequenta a Busseto il ginnasio diretto da don Pietro Seletti, e prende lezioni di musica da Ferdinando Provesi, maestro di cappella e organista, nonché direttore della scuola di musica. Incomincia a scrivere pezzi per banda e a dare lezioni, e con l'aiuto di un ricco commerciante di coloniali di Busseto, Antonio Barezzi, nel 1832 si trasferisce a Milano, dove vorrebbe entrare nel Conservatorio. Ma il regolamento gli è contrario e la domanda viene respinta; diventa quindi allievo privato dell'operista Vincenzo Lavigna, maestro al cembalo del Teatro alla Scala. Nel 1836 torna a Busseto, dove viene nominato maestro di musica del Comune, e sposa Margherita Barezzi, dalla quale avrà due figli (moglie e figli moriranno fra il 1838 e il 1840).

Al principio del 1839 si stabilisce a Milano, e alla fine di quello stesso anno esordisce felicemente sulle scene della Scala con la sua prima opera, *Oberto conte di S. Bonifacio*. Dopo un passo falso nel genere comico (*Un giorno di regno*, 1840), si impone definitivamente al pubblico milanese con *Nabucco* (1842) e *I Lombardi alla prima Crociata* (1843), in cui delinea un tipo di opera corale di grande momento nella Lombardia prequarantottesca. Con la quinta opera destinata alla Fenice di Venezia, *Ernani* (1844), afferma una nuova concezione teatrale, un teatro che vede l'uomo in lotta contro gli avvenimenti, nella cornice di un dramma scolpito con l'immediatezza plastica della melodia, con il ritmo scandito da un'orchestra essenziale. Questo modello di teatro viene costruito pezzo per pezzo, nel corso di quelli che Verdi stesso chiamerà gli "anni di galera": anni di lavoro duro, alla ricerca del successo nei maggiori teatri d'Italia, ma anche alla ricerca delle condizioni per un lavoro sempre più accurato, non solo a livello creativo, ma anche per quanto riguarda la scelta dei cantanti, gli allestimenti, l'esecuzione. Nel 1846 una grave malattia rallenta l'attività, e permette un più meditato contatto con un soggetto shakespeariano, il *Macbeth* (1847) destinato alla Pergola di Firenze. Ma il lavoro riprende intensissimo, e nello stesso 1847 Verdi affronta due importanti palcoscenici esteri: il Her Majesty's di Londra con *I Masnadieri*, e l'Opéra di Parigi con *Jérusalem*, adattamento francese dei *Lombardi*.

Sul finire del 1847 si è stabilito a Parigi, con Giuseppina Strepponi (che sposerà nel 1859), e l'anno seguente acquista la proprietà di Sant'Agata presso Busseto; e a Busseto si stabilirà nell'estate del 1849. La produzione operistica è sempre molto intensa, destinata ai teatri di Napoli, Roma, Trieste. Nel 1851 torna alla Fenice di Venezia con *Rigoletto*, e nel 1853, a pochi mesi uno dall'altro, *Il Trovatore* al Teatro Apollo di Roma e *La Traviata* alla Fenice di Venezia concludono un periodo di intensissima attività. Sul finire dello stesso anno, Verdi e la Strepponi si stabiliscono nuovamente a Parigi.

Più il teatro verdiano diventa popolare ed eccita l'entusiasmo, più il suo creatore sembra nascondersi in un riserbo che è sempre più geloso, soprattutto a partire dalla metà del secolo; nello stesso periodo, la sua creazione si fa più lenta, più meditata, e il compositore dedica cure particolari alle nuove opere, sia dal punto di vista librettistico, che da quello scenico e registico. Il risultato di questa nuova visione del mestiere teatrale è evidente nel diminuito numero di nuove opere, ma soprattutto nell'allargata visione drammaturgica che ora accoglie anche spunti di comicità o di ironia, nel confluire di molteplici interessi culturali, e nell'elaborazione di una scrittura duttile e sfumata che non ha però perso in spontaneità e immediatezza. Per l'Opéra di Parigi scrive *Les Vêpres Siciliennes* (1855), per la Fenice di Venezia il *Simon Boccanegra* (1857) e per il Teatro Nuovo di Rimini l'*Aroldo* (1857), rifacimento di un'opera precedente, *Stiffelio* (1850). Lasciata definitivamente Parigi, Verdi e la moglie vivono ora stabilmente nella villa di Sant'Agata, e trascorrono l'inverno a Genova. Nel 1860 Verdi è nella lista dei liberali moderati di Borgo

San Donnino (ora Fidenza), e viene eletto deputato: parteciperà alle sedute della Camera, a Torino, anche per una diretta sollecitazione di Cavour; ma nel 1863 abbandonerà l'attività parlamentare. Alcune delle nuove opere di questi anni gli vengono commissionate da teatri esteri, come *La forza del destino* (1862) per il Teatro Imperiale di Pietroburgo, il rifacimento del *Macbeth* (1865) per il Théâtre Lyrique di Parigi, il *Don Carlos* (1867) per l'Opéra di Parigi. Nel 1869, con una edizione riveduta della *Forza del destino*, riprende la collaborazione con la Scala, interrotta fin dal lontano 1845. Il 1871 è l'anno di *Aida*, che va in scena al Cairo in una cornice molto fastosa e mondana, alla presenza di molti principi regnanti; manca però Verdi, già alle prese con la prima italiana, che gli sta molto più a cuore, destinata alla Scala (1872).

Nel 1873 compone il *Quartetto* per archi, e nel 1874 viene eseguita la *Messa di Requiem* nel primo anniversario della morte di Manzoni; lo stesso anno Verdi viene nominato senatore. Nel 1881 presenta alla Scala un rifacimento del *Simon Boccanegra*, che segna l'inizio della collaborazione con lo scrittore Arrigo Boito, su un libretto del quale ha già cominciato a scrivere *Otello*, che vedrà la luce nello stesso teatro nel 1887. Nel 1889 acquista un terreno alla periferia di Milano, dove fa costruire dall'architetto Camillo Boito la Casa di Riposo per Musicisti, che doterà di un cospicuo lascito. Nel 1893, sempre alla Scala, prima rappresentazione del *Falstaff*. Nel 1897 muore la moglie e nello stesso anno compone lo *Stabat Mater*, che conclude la serie dei "Quattro pezzi sacri", comprendenti le *Laudi alla Vergine Maria* (1886), l'*Ave Maria* (1889) e il *Te Deum* (1895). Nel dicembre del 1900 si stabilisce a Milano, all'Hôtel Milan, dove muore il 27 gennaio 1901.

Cronologia delle opere di Verdi

1. Oberto conte di San Bonifacio

Dramma in due atti, libretto di Antonio Piazza adattato da Temistocle Solera (in origine si trattava probabilmente di un libretto intitolato *Rochester* o *Lord Hamilton*, per il quale Verdi compose la musica nel 1836, riutilizzata poi per l'*Oberto*).
I rappresentazione: Milano, Teatro alla Scala, 17 novembre 1839.

2. Un giorno di regno (ossia *Il finto Stanislao*)

Melodramma giocoso in due atti, libretto di Felice Romani, tratto dalla commedia *Le faux Stanislas* di Alexandre Pineux-Duval (libretto scritto per Adalbert Gyrowetz (1818) col titolo *Il finto Stanislao*, e adattato con tagli).
I rappresentazione: Milano, Teatro alla Scala, 5 settembre 1840.

3. Nabucodonosor (Nabucco)

Dramma lirico in quattro parti, libretto di Temistocle Solera, tratto dal dramma *Nabuchodonosor* (1836) di Auguste Anicet-Bourgeois e Francis Cornu.
I rappresentazione: Milano, Teatro alla Scala, 9 marzo 1842.

4. I Lombardi alla prima Crociata

Dramma lirico in quattro atti, libretto di Temistocle Solera, tratto dal poema omonimo (1826) di Tommaso Grossi.
I rappresentazione: Milano, Teatro alla Scala, 11 febbraio 1843.

5. Ernani

Dramma lirico in quattro parti, libretto di Francesco Maria Piave, tratto dal dramma *Hernani* (1830) di Victor Hugo.
I rappresentazione: Venezia, Teatro La Fenice, 9 marzo 1844.

6. I due Foscari

Tragedia lirica in tre atti, libretto di Francesco Maria Piave, tratto dal poema *The Two Foscari* (1821) di George Gordon Byron.
I rappresentazione: Roma, Teatro Argentina, 3 novembre 1844.

7. Giovanna d'Arco

Dramma lirico in un prologo e tre atti, libretto di Temistocle Solera, tratto dalla tragedia *Die Jungfrau von Orleans* (1801) di Friedrich Schiller.
I rappresentazione: Milano, Teatro alla Scala, 15 febbraio 1845.

8. Alzira

Tragedia lirica in un prologo e due atti, libretto di Salvatore Cammarano, tratto dalla tragedia *Alzire* (1736) di Voltaire.
I rappresentazione: Napoli, Teatro San Carlo, 12 agosto 1845.

9. Attila

Dramma lirico in un prologo e tre atti, libretto di Temistocle Solera con aggiunte e modifiche di Francesco Maria Piave, tratto dalla tragedia *Attila, König der Hunnen* (1808) di Zacharias Werner.
I rappresentazione: Venezia, Teatro La Fenice, 17 marzo 1846.

10. Macbeth

Melodramma in quattro atti, libretto di Francesco Maria Piave, con interventi di Andrea Maffei, tratto dalla tragedia *Macbeth* (1605-06) di William Shakespeare.
I rappresentazione: Firenze, Teatro La Pergola, 14 marzo 1847.

11. I Masnadieri

Melodramma in quattro parti, libretto di Andrea Maffei, tratto dal dramma *Die Räuber* (1781) di Friedrich Schiller.
I rappresentazione: Londra, Her Majesty's Theatre, 22 luglio 1847.

12. Jérusalem

Rifacimento francese de *I Lombardi alla prima Crociata* (1843).
Opera in quattro atti, libretto di Alphonse Royer e Gustave Vaëz.
I rappresentazione: Parigi, Opéra, 26 novembre 1847.
I rappresentazione italiana (*Gerusalemme*, libretto tradotto da Calisto Bassi): Milano, Teatro alla Scala, 26 dicembre 1850.

13. Il Corsaro

Melodramma in tre atti, libretto di Francesco Maria Piave, tratto dal poema *The Corsair* (1814) di George Gordon Byron.
I rappresentazione: Trieste, Teatro Grande, 25 ottobre 1848.

14. La battaglia di Legnano

Tragedia lirica in quattro atti, libretto di Salvatore Cammarano, tratto dal dramma *La bataille de Toulouse* di Joseph Méry.
I rappresentazione: Roma, Teatro Argentina, 27 gennaio 1849.

15. Luisa Miller

Melodramma tragico in tre atti, libretto di Salvatore Cammarano, tratto dalla tragedia *Kabale und Liebe* (1784) di Friedrich Schiller.
I rappresentazione: Napoli, Teatro San Carlo, 8 dicembre 1849.

16. Stiffelio

Melodramma in tre atti, libretto di Francesco Maria Piave, tratto dal dramma *Le Pasteur, ou l'Evangile et le Foyer* (1848) di Emile Souvestre ed Eugène Bourgeois.
I rappresentazione: Trieste, Teatro Grande, 16 novembre 1850.

17. Rigoletto

Melodramma in tre atti, libretto di Francesco Maria Piave, tratto dal dramma *Le Roi s'amuse* (1832) di Victor Hugo.
I rappresentazione: Venezia, Teatro La Fenice, 11 marzo 1851.
 Il duca di Mantova: Raffaele Mirate, tenore
 Rigoletto, suo buffone di corte: Felice Varesi, baritono
 Gilda, di lui figlia: Teresina Brambilla, soprano
 Sparafucile, bravo: Feliciano Ponz, basso profondo
 Maddalena, sua sorella: Annetta Casaloni, contralto
 Giovanna, custode di Gilda: Laura Saini, mezzosoprano
 Il Conte di Monterone: Paolo Damini, baritono
 Marullo, Cavaliere: Francesco Kunerth, baritono
 Borsa Matteo, cortigiano: Angelo Zuliani, tenore
 Il Conte di Ceprano: Andrea Bellini, basso
 La Contessa, sua sposa: Luigia Morselli, mezzosoprano
 Usciere di corte: Antonio Rizzi, tenore
 Paggio della Duchessa: Annetta Modes Lovati, mezzosoprano
 Direttore dell'orchestra: Gaetano Mares
 Maestro dei cori: Luigi Carcano
 Pittore delle scene: Giuseppe Bertoja

18. Il Trovatore

Dramma in quattro parti, libretto di Salvatore Cammarano, completato da Leone Emanuele Bardare, tratto dal dramma *El Trovador* (1836) di Antonio García Gutiérrez.
I rappresentazione: Roma, Teatro Apollo, 19 gennaio 1853.

19. La Traviata

Melodramma in tre atti, libretto di Francesco Maria Piave, tratto dal dramma *La Dame aux camélias* (1852) di Alexandre Dumas fils.
I rappresentazione: Venezia, Teatro La Fenice, 6 marzo 1853.

20. Les Vêpres Siciliennes

Opéra in cinque atti, libretto di Eugène Scribe e Charles Duvéyrier, tratto dal libretto *Le Duc d'Albe* (1839) di Eugène Scribe, scritto per Gaetano Donizetti.
I rappresentazione: Parigi: Opéra, 13 giugno 1855.
I rappresentazione italiana (col titolo *Giovanna de Guzman*, libretto tradotto da Arnaldo Fusinato): Parma, Teatro Ducale, 26 dicembre 1855.

21. Simon Boccanegra

Melodramma in un prologo e tre atti, libretto di Francesco Maria Piave, con interventi di Giuseppe Montanelli, tratto dal dramma *Simon Bocanegra* (1843) di Antonio García Gutiérrez.
I rappresentazione: Venezia, Teatro La Fenice, 12 marzo 1857.

22. Aroldo

Rifacimento di *Stiffelio* (1850).
Melodramma in quattro atti, libretto di Francesco Maria Piave.
I rappresentazione: Rimini, Teatro Nuovo, 16 agosto 1857.

23. Un ballo in maschera

Melodramma in tre atti, libretto di Antonio Somma, tratto dal libretto *Gustave III, ou Le Bal masqué* (1833) di Eugène Scribe, scritto per Daniel Auber.
I rappresentazione: Roma, Teatro Apollo, 17 febbraio 1859.

24. La forza del destino

Melodramma in quattro atti, libretto di Francesco Maria Piave, tratto dal dramma *Don Álvaro, o La fuerza del sino* (1835) di Angel de Saavedra, e dal dramma *Wallensteins Lager* (1796) di Friedrich Schiller.
I rappresentazione: Pietroburgo, Teatro Imperiale, 10 novembre 1862.

25. Macbeth

Rifacimento del *Macbeth* (1847).
Melodramma in quattro atti, libretto di Francesco Maria Piave e Andrea Maffei, tradotto in francese da Charles-Louis-Etienne Nuitter e Alexandre Beaumont.
I rappresentazione: Parigi, Théâtre Lyrique, 21 aprile 1865.
I rappresentazione italiana: Milano, Teatro alla Scala, 28 gennaio 1874.

26. Don Carlos

Opéra in cinque atti, libretto di Joseph Méry e Camille Du Locle, tratto dalla tragedia *Don Carlos, Infant von Spanien* (1787) di Friedrich Schiller.
I rappresentazione: Parigi, Opéra, 11 marzo 1867.
I rappresentazione italiana (col titolo *Don Carlo*, libretto tradotto da Achille de Lauzières): Bologna, Teatro Comunale, 27 ottobre 1867.

27. La forza del destino

Nuova versione de *La forza del destino* (1862).
Opera in quattro atti, libretto di Francesco Maria Piave, con modifiche di Antonio Ghislanzoni.
I rappresentazione: Milano, Teatro alla Scala, 27 febbraio 1869.

28. Aida

Opera in quattro atti, libretto di Antonio Ghislanzoni, su un soggetto di Auguste Mariette elaborato da Camille Du Locle e Giuseppe Verdi.
I rappresentazione: Il Cairo, Teatro dell'Opera, 24 dicembre 1871.
I rappresentazione italiana: Milano, Teatro alla Scala, 8 febbraio 1872.

29. Simon Boccanegra

Rifacimento del *Simon Boccanegra* (1857).
Melodramma in un prologo e tre atti, libretto di Francesco Maria Piave con modifiche di Arrigo Boito.
I rappresentazione: Milano, Teatro alla Scala, 24 marzo 1881.

30. Don Carlo

Nuova versione del *Don Carlos* (1867).
Opera in quattro atti, libretto di Joseph Méry e Camille Du Locle, traduzione italiana di Achille De Lauzières e Angelo Zanardini.
I rappresentazione: Milano, Teatro alla Scala, 10 gennaio 1884.
Altra versione in cinque atti.
I rappresentazione: Modena, Teatro Comunale, dicembre 1886.

31. Otello

Dramma lirico in quattro atti, libretto di Arrigo Boito, tratto dalla tragedia *Othello* (1604-05) di William Shakespeare.
I rappresentazione: Milano, Teatro alla Scala, 5 febbraio 1887.

32. Falstaff

Commedia lirica in tre atti, libretto di Arrigo Boito, tratto dai drammi *The Merry Wives of Windsor* (1600-01) e *Henry IV* (1597-98) di William Shakespeare.
I rappresentazione: Milano, Teatro alla Scala, 9 febbraio 1893.

Il librettista

Francesco Maria Piave nasce a Murano il 18 maggio 1810, da una famiglia abbastanza agiata che da molte generazioni si era interessata all'artigianato vetrario. Avviato dal padre alla carriera ecclesiastica, l'abbandona nel 1827, e poco dopo si trasferisce a Roma, a causa di difficoltà finanziarie della famiglia; qui si mantiene con modesti lavori editoriali (traduzione di Salmi, stesura di novelle, articoli giornalistici) e con la sua abilità di improvvisatore. Nel 1838, morto il padre, torna a Venezia, e si impiega come correttore di bozze nella tipografia Antonelli; nel frattempo traduce il *Compendio della Storia del Cristianesimo* dell'abate Berault-Bercastel, e si fa notare come abile improvvisatore di versi in dialetto veneziano.

Nel 1842 viene assunto come poeta del Teatro La Fenice, e inizia con un libretto scritto in collaborazione e destinato a Pacini, *Il duca d'Alba*; poi, dal 1844, data del primo incontro con Verdi, la sua attività di librettista diventa intensissima. Scrive per Mercadante (*La schiava saracena*, 1848), ancora per Pacini (*Lorenzino de' Medici*, 1845; *Allan Cameron*, 1848; *Don Diego di Mendoza*, 1857; *Berta di Varnol*, 1867), per Federico Ricci (*Estella*, 1846; *Griselda*, 1847), e il notissimo *Crispino e la comare* (1850) musicato da Federico e Luigi Ricci; altri libretti sono destinati a Braga, Cagnoni, Peri, Petroncini e altri ancora. E naturalmente Verdi, per il quale scrive dieci libretti nuovi, più un undicesimo di altro autore revisionato da lui, l'*Attila* (1846) di Temistocle Solera. I libretti nuovi sono l'*Ernani* (1844), *I due Foscari* (1844), *Macbeth* (1847), *Il corsaro* (1848), lo *Stiffelio* (1850), il *Rigoletto* (1851), *La Traviata* (1853), il *Simon Boccanegra* (1857), l'*Aroldo* (1857) e *La forza del destino* (1869).

A fianco dell'attività di librettista, Piave svolgeva anche quella di direttore degli spettacoli, ne curava cioè la messa in scena, i movimenti dei protagonisti e dei cori, la scelta dei costumi e delle scene e degli attrezzi di scena. Nel 1859 si trasferisce a Milano, dove svolge lo stesso lavoro di librettista e di direttore degli spettacoli per la Scala; carica che mantenne fino al 1867 quando, paralizzato da una grave malattia, dovette abbandonare ogni attività. Trascorse gli ultimi anni in condizioni finanziarie precarie, più volte aiutato da Verdi, che alla sua morte, il 5 marzo 1876, si assunse le spese dei funerali.

L'opera

Il dramma *Le Roi s'amuse* di Victor Hugo, "bel dramma con posizioni stupende", è dapprima destinato al San Carlo di Napoli, offerto all'impresario Vincenzo Flaùto e pensato per il librettista Salvatore Cammarano. È l'estate del 1849, ma il progetto sfuma dopo qualche mese. Nel febbraio del 1850 si fa vivo Piave, che informa Verdi delle intenzioni del Teatro La Fenice di scritturarlo per una nuova opera destinata alla Stagione di Carnevale e Quaresima del 1850-51. In marzo la trattativa è bene avviata, e all'inizio di febbraio si profila la scrittura del baritono Felice Varesi: con questo interprete, Verdi può ora nuovamente pensare a *Le Roi s'amuse*, e lo propone esplicitamente il 28 aprile: "Il sogetto è grande, immenso, ed avvi un carattere che è una delle più grandi creazioni che vanti il teatro di tutti i paesi e di tutte le epoche. Il sogetto è *Le Roi s'amuse*, ed il carattere di cui ti parlo sarebbe *Tribolet* che se Varese è scritturato nulla di meglio per Lui e per noi".

Verdi ha perfettamente chiara la pericolosità di un soggetto del genere, e ne avverte il Piave, stimolandolo a fare tutti i passi necessari per ottenere l'approvazione anticipata della censura. Piave ottiene qualcosa, ma solo a parole; Verdi tuttavia se ne accontenta, e nel corso dell'estate, mentre sta lavorando allo *Stiffelio* (sempre con Piave!), procede a piccoli passi sulla strada del progetto victorhughiano, che ora ha per titolo *La Maledizione*. Ma a metà agosto affiorano i primi problemi, e Piave, molto preoccupato per essere stato lui a tranquillizzare Verdi, spiega a Carlo Marzari, Presidente del Teatro veneziano, che la "crudeltà dell'azione non è senza esempio, poiché Ernani, Foscari, Lorenzino, Macbet ecc. ecc. lo sono forse più"; e poi, aggiunge, ormai non si è più in tempo per cambiare soggetto. Si va avanti così, con Piave sempre più preoccupato, e Verdi che tiene troppo al soggetto per saper rinunciare a esso; a ottobre, mentre è stato risolto positivamente il problema della primadonna con la scelta di Teresina Brambilla, il libretto della *Maledizione* è terminato, e Piave riceve da Verdi la prima rata del compenso pattuito.

L'11 novembre, la Imperiale Reale Direzione Centrale d'Ordine Pubblico di Venezia chiede l'invio del libretto, per una attenta lettura: il dramma di Victor Hugo aveva avuto a Parigi un'unica e tempestosa rappresentazione il 22 novembre 1832, e questo ha messo in sospetto i censori; i quali però hanno fiducia che, "attesa l'onestà del Poeta e la prudenza del Maestro, l'argomento sarà sviluppato in modo conveniente". Ora le preoccupazioni aumentano, e Verdi si rende conto che portare sulle scene gli odiosi libertinaggi di un Re di Francia, e i suoi rapporti con ragazze di facili costumi, è un'impresa destinata al fallimento. La conferma gli giunge con una lettera di Marzari, scritta il primo dicembre: il libretto è stato respinto.. Tuttavia "Piave spera – aggiunge Marzari – che, sostituendo al Re di Francia un feudatario contemporaneo e togliendovi qualch'una delle sconcezze oscene di cui è zeppo", il soggetto possa essere riproposto. La massima "sconcezza" si trova all'inizio del secondo atto: Bianca (cioè Gilda) si trova faccia a faccia con il re, scopre che non è affatto "studente e povero", e fugge spaventata in una stanza accanto, dove si chiude a chiave; ma è il talamo nuziale, e il Re, sfoderando una chiave, vi entra sorridendo. Verdi è disposto a eliminare questa scena, ma non è affatto disposto ad accettare tutte le altre trasformazioni che nel frattempo Piave ha realizzato, scrivendo un libretto che è molto diverso dalla *Maledizione*, e che si intitola *Il Duca di Vendôme*. Il Re, divenuto Duca, è stato trasformato in un "carattere nullo", estraneo a ogni forma di libertinaggio; Triboletto (cioè Rigoletto) non è più gobbo e deforme; il sacco è stato eliminato: "di un dramma originale, potente – commenta Verdi – se ne è fatto una cosa comunissima, e fredda" Piave viene considerato responsabile, e riceve una lettera di questo tenore: "Non ti mando le Lire austriache 200 perché, siccome non scriverò a Venezia l'opera e siccome io ti diedi in commissione il *Roi s'amuse* colla condizione che tu ottenessi il permesso dalla Polizia, non permettendolo (con mio grave danno), resta naturalmente sciolto il nostro contratto". In quanto all'anticipo già ricevuto, esso andrà conteggiato come compenso del libretto di *Stiffelio*.

Tutto sembra finito; ma intanto esce il cartellone con l'annuncio della nuova opera di Verdi: senza titolo, naturalmente. Ci sono gli artisti scritturati, ai quali si è aggiunto il tenore Mirate; c'è Piave, che non vuole una definitiva rottura con il Maestro; e c'è la Direzione del Teatro La Fenice, che continua a premere perché l'opera si faccia. Verdi propone lo *Stiffelio*, non una novità assoluta, ma nuova per Venezia; il Teatro rifiuta. Finalmente, il 23 dicembre Marzari scrive a Verdi assicurandolo che l'autorità di Polizia è disposta ad accettare il libretto così come era, a patto di qualche lieve modifica. Sulla base di questa proposta, il poeta Piave e il segretario del Teatro, Guglielmo Brenna, il 27 dicembre partono per Busseto: una missione rapidissima, che si conclude con un Verbale stilato il 30 dicembre, sullo stile di un bollettino di guerra: "... resta convenuto quanto segue:

1°. L'azione si trasporterà dalla Corte di Francia a quella d'uno dei Duchi indipendenti di Borgogna, di Normandia, o di taluno dei piccoli principi assoluti degli Stati Italiani, e probabilmente alla Corte di Pier Luigi Farnese, ed all'epoca che converrà meglio di assegnarvi per decoro, e la riuscita della scena.

2°. Si conserveranno i tipi originali dei caratteri del Dramma di Victor Ugo le Roi s'amuse cangiando i nomi dei personaggi a seconda della situazione, ed epoca che verrà prescritta.

3°. Si eviterà affatto la scena, in cui Francesco si dicchiarava risoluto di profittare della chiave, di cui era in possesso per introdursi nella stanza della rapita Bianca. E ciò sostituendovi altra scena, che conservi la necessaria decenza, senza togliere l'interesse del dramma.

4°. Al Rendez-vous amoroso nella Taverna di Magellona [cioè Maddalena] il re, o duca andrà invitato da uno stratagemma del personaggio che sostituirà Triboletto.

5°. Alla apparizione del sacco contenente il Corpo della figlia del Buffone, si riserva il Maestro Verdi all'atto pratico quelle modificazioni che saranno reputate necessarie.

6°. I cangiamenti di cui sopra esigendo tempo oltre a quello sin ora trascorso, dichiara il Maestro Verdi di non poter andar in scena colla nuova sua Opera prima del 28 febbraro o primo marzo p.v.".

Brenna se ne torna trionfante a Venezia, e Piave resta a Busseto, a lavorare. Verso il 10 gennaio il nuovo libretto, ribattezzato *Rigoletto*, è terminato, e Piave torna a Venezia; l'11 lo presenta alle autorità di Polizia; il 20 assicura Verdi che "corre voce" che verrà approvato; il 24 conferma che il libretto sarà approvato, con l'unico impegno di cambiare qualche nome, e non dire che il Duca di Mantova è un Gonzaga; infine il 26 gennaio scrive: "... finalmente jeri alle tre pomeridiane giunse il nostro *Rigoletto* in Presidenza sano e salvo, e senza fratture o amputazioni". Verdi ne è felice; anche perché, a questo punto, non gli resta che musicare l'ultimo duetto, che sarà terminato il 5 febbraio. La mattina del 19 Verdi è già a Venezia: dopo una così lunga battaglia, vinta a forza di fermezza, pazienza e diplomazia, venti giorni di prove tranquille, e un deciso successo di pubblico la sera dell'11 marzo, confermato da tredici repliche e dalla più alta media di incassi rispetto alle altre opere in cartellone.

Rigoletto

Melodramma in tre atti

versi di
Francesco Maria Piave

musica di
Giuseppe Verdi

Personaggi[1]

Il Duca di Mantova	[Tenore]
Rigoletto, suo buffone di corte	[Baritono]
Gilda, di lui figlia	[Soprano]
Sparafucile, bravo	[Basso profondo]
Maddalena, sua sorella	[Contralto]
Giovanna custode di Gilda	[Mezzosoprano]
Il Conte di **Monterone**	[Baritono]
Marullo, Cavaliere	[Baritono]
Borsa Matteo, cortigiano	[Tenore]
Il Conte di **Ceprano**	[Basso]
La **Contessa** sua sposa	[Mezzosoprano]
Usciere di corte	[Tenore]
Paggio della Duchessa	[Mezzosoprano]

Cavalieri, Dame, Paggi, Alabardieri

1. I venti personaggi del dramma sono stati ridotti a tredici. Ci sono ovviamente coincidenze molto precise fra alcuni personaggi (François I = Duca di Mantova; Triboulet = Rigoletto; Blanche = Gilda; Saltabadil = Sparafucile; Maguelonne = Maddalena; Dame Bèrarde = Giovanna; Un Gentilhomme de la Reine = Paggio). Invece gli undici Cortigiani del dramma sono stati sintetizzati nei sei Cortigiani del libretto; ma è possibile evidenziare alcune affinità: M. de Saint-Vallier = Conte di Monterone; Clément Marot e M. de Pienne = Marullo; M. de la Tour-Landry = Matteo Borsa; M. de Cossé = Conte di Ceprano; Madame de Cossé = Contessa di Ceprano; M. de Montchenu = Usciere.

La Scena si finge nella città di Mantova e suoi dintorni.

Epoca, il secolo 16°.

N.B. *Le indicazioni di destra o sinistra s'intendono sempre dal lato dello spettatore.*

Lettore Benevolo.

Per circostanze speciali sento il bisogno di raccomandare alla tua indulgenza, piucch'altro mai, questo mio nuovo lavoro, e spero di non ingannarmi, confidando che non sarai per negarmela. Vivi felice.

PIAVE.

Il riassunto del libretto

Atto I. Nella brillante corte di Mantova – siamo nel Cinquecento –, il Duca offre una festa. Fatuo e libertino, corteggia la Contessa di Ceprano, e – racconta scherzando – si prepara a conquistare una bella sconosciuta apparsagli in chiesa. Tra una battuta e l'altra del dialogo, Rigoletto, il buffone gobbo, lancia le sue mordaci ironie. Tra i cortigiani, intanto, circola una voce sorprendente: proprio quell'essere deforme e ridicolo ha un'amante, giovane e bella. Ceprano, per vendicarsi delle pungenti allusioni che il buffone ha lanciato contro di lui, propone di rapirla. L'intervento improvviso del Conte di Monterone, che chiede ragione al Duca dell'offesa recata all'onore della figlia, turba la spensieratezza generale. Ma anche Monterone è colpito dagli scherni di Rigoletto: al colmo dello sdegno e del furore, il Conte maledice il buffone e il suo padrone, mentre vien tratto in arresto.

Rigoletto, ancora angosciato dalla maledizione, si avvia alla propria dimora, una casa che confina col palazzo di Ceprano. Nella strada deserta, proprio sulla soglia di casa, si imbatte in Sparafucile – sicario e "uomo di spada" – che, dietro compenso, si offre di sbarazzarlo di qualsiasi rivale. Rigoletto, per il momento, rifiuta. Turbato da questi avvenimenti, raccomanda alla figlia – che ignora tutto di lui e che non ha mai conosciuto la madre – di non lasciarsi avvicinare da nessuno. Ribadisce questi ordini anche alla governante, ma costei, per denaro, ha già lasciato entrare nel giardino il Duca, incapricciato della fanciulla. Uscito il buffone, il Duca si presenta arditamente fingendosi "studente povero": Gilda ne è ammaliata e gli confessa d'amarlo. Nel frattempo Ceprano e gli altri cortigiani si sono radunati per rapire la presunta amante di Rigoletto; al gobbo, che torna assillato da vaghi sospetti, fanno credere che il colpo è diretto contro l'attigua casa di Ceprano: il buffone, bendato, tiene la scala e, quando si avvede dell'inganno, Gilda è ormai scomparsa.

Atto II. Nel palazzo ducale il Duca, ignaro delle vicende notturne, crede che la ragazza gli sia stata sottratta. Ella è invece accanto a lui, prigioniera, e quando i cortigiani gli raccontano la sinistra impresa, corre a raggiungerla. Appare Rigoletto che, sopraffatto dal dolore, cerca invano le tracce della fanciulla e – di fronte agli scherni dei cortigiani – rivela il suo segreto: non l'amante, ma la figlia gli è stata rapita. Invano supplica che gli venga restituita: la ragazza è nelle stanze del Duca e da lì ella esce, in pianto, smarrita per la vergogna del subìto oltraggio. Rigoletto ritrova nel dolore una nobile fierezza: scaccia i cortigiani; finalmente sola con lui, Gilda narra al padre come sia stata ingannata e sedotta. Ora Rigoletto si trova nella medesima atroce situazione di Monterone che, proprio allora, passa scortato dagli alabardieri: vinto e umiliato. Rigoletto giura vendetta per sé e per Monterone.

Atto III. Sparafucile, pagato da Rigoletto, è riuscito, grazie a sua sorella Maddalena, ad attirare il Duca nella propria casa, sulle deserte rive del Mincio, dove l'ucciderà. Fuori, Rigoletto e Gilda spiano. Il gobbo spera di cancellare l'assurdo amore nel cuore della figlia mostrandole l'indegnità dell'amante che corteggia la facile Maddalena. Costei non resta insensibile alle lusinghe del bel giovane, e persuade il fratello a risparmiarlo, uccidendo al suo posto il primo che si presenti durante la notte. Gilda ha udito tutto, e, in un impeto di amore disperato bussa alla porta. Sparafucile la uccide, ne chiude il corpo in un sacco e lo consegna a Rigoletto come prova del patto adempiuto. Rigoletto, esultante, si accinge a gettare nel Mincio il cadavere dell'odiato seduttore, quando sente la voce del Duca che intona un'allegra canzone: chi è stato pugnalato? Dal sacco esce un gemito: è Gilda che, morente, prega il padre di perdonarla. Straziato, ricordando la maledizione di Monterone, Rigoletto cade esanime sul corpo della figlia.

Atto primo

Sala magnifica nel palazzo ducale con porte nel fondo che mettono ad altre sale, pure splendidamente illuminate; folla di Cavalieri e Dame in gran costume nel fondo delle sale; paggi che vanno e vengono. La festa è nel suo pieno. Musica interna da lontano e scroscii di risa di tratto in tratto.[2]

[Preludio]

Scena prima

Il Duca *e* Borsa *che vengono da una porta del fondo.*[3]

[Introduzione]

Duca
De la mia bella incognita borghese
Toccare il fin dell'avventura io voglio.[4]

Borsa
Di quella giovin che vedete al tempio?

Duca
Da tre lune[5] ogni festa.[6]

---

2. Sulla partitura viene anche precisato che "nelle sale in fondo si vedrà ballare".
3. Sulla partitura si accenna esplicitamente al fatto che i due personaggi stanno già parlando: "Da una delle sale vengono parlando fra loro il Duca e Borsa". È una situazione tipica d'inizio nelle opere verdiane.
4. "Io" non è musicato.
5. Nel canto "da tre mesi", tipica correzione chiarificatrice verdiana.
6. Il dramma inizia con queste battute scambiate fra il Re e il signor de la Tour-Landry (= Borsa):
Le Roi: Comte, je veux mener à fin cette aventure. / Une femme bourgeoise, et de naissance obscure, / Sans doute, mais charmante!
De la Tour: Et vous la rencontrez / Le dimanche à l'église?
Le Roi: A Saint-Germain-des-Prés. / J'y vais chaque dimanche.

Borsa
La sua dimora?

Duca

        In un remoto calle;
Misterioso un uom v'entra ogni notte.

Borsa
E sa colei chi sia l'amante suo?[7]

Duca

          Lo ignora

(*Un gruppo di Dame e Cavalieri*[8] *attraversa la sala.*)

Borsa
Quante beltà!... Mirate.

Duca
Le vince[9] tutte di Cepran la sposa.[10]

Borsa
Non v'oda il conte, o duca... (*piano*)

Duca

        A me che importa?

Borsa
Dirlo ad altra ei potria...

---

7. Nel dramma de la Tour chiede: "Sait-elle que le roi l'aime?"
8. Sulla partitura si accenna solo alle Dame, certamente in funzione della osservazione di Borsa "Quante beltà!"
9. Nel canto "Ma vince": l'avversativo precisa molto meglio l'interesse del Duca per una sola "beltà"
10. Nel dramma il Re afferma: "Madame de Cossé les passe toutes trois"

Duca

Né sventura per me certo saria.[11]

Questa o quella per me pari sono
A quant'altre d'intorno mi vedo,
Del mio core l'impero non cedo
Meglio ad una che ad altra beltà.
La costoro avvenenza è qual dono
Di che il fato ne infiora la vita;
S'oggi questa mi torna gradita,
Forse un'altra doman lo sarà.
La costanza, tiranna del core,
Detestiamo qual morbo crudele,
Sol chi vuole si serbi fedele;
Non v'ha amor, se non v'è libertà.[12]
De' mariti il geloso furore,
Degli amanti le smanie derido,
Anco d'Argo i cent'occhi disfido
Se mi punge una qualche beltà.

11. Tutte le precedenti battute seguono fedelmente la traccia del dramma, mentre l'Allegretto del Duca è completamente nuovo.
12. Nel canto, i due verbi di questo verso sono invertiti: "Non v'è amor, se non v'ha libertà". È uno scambio chiarificatore, poiché nella versione librettistica si sarebbe ascoltato "non v-amor", brutto e poco comprensibile.

Scena seconda

Detti, il conte di Ceprano *che segue da lungi la sua sposa servita da altro Cavaliere.
Dame e Signori entrano da varie parti.*[13]

Duca *(alla signora di Ceprano, movendo ad incontrarla con molta
galanteria.)*
Partite?... Crudele!

Contessa
     Seguire lo sposo
M'è forza a Ceprano.

Duca
     Ma dee luminoso
In corte tal astro qual sole brillar.[14]
Per voi qui ciascuno dovrà palpitar.
Per voi già possente la fiamma d'amore
Inebria, conquide, distrugge il mio core.
         (con enfasi baciandole la mano.)

Contessa
Calmatevi...

Duca
   No.[15] *(le dà il braccio ed esce con lei.)*

---

13. Sulla partitura viene anche precisato che "intanto nelle sale di fondo si ballerà il
Minuetto".
14. Questo verso e il seguente sono trasformati, nel canto, in dodecasillabi piani:
"brillare" e "palpitare"
15. Il diniego del Duca non è musicato; la scena seconda finisce con la ripetizione
degli ultimi due versi del Duca e il "calmatevi" della Contessa. Nel dramma:
"Calmez-vous! – Non, non, rien"

Scena terza

Detti e **Rigoletto** *che s'incontra nel signor di* **Ceprano***; poi Cortigiani.*

Rigoletto[16]
>   In testa che avete
> Signor di Ceprano?

Ceprano
(fa un gesto d'impazienza e segue il Duca.)

Rigoletto *(ai Cortigiani)*
>   Ei sbuffa, vedete?

Coro
> Che festa!

Rigoletto
>   Oh sì...

Borsa
>   Il duca qui pur si diverte!...
> Così non è sempre? che nuove scoperte!
> Il giuoco ed il vino, le feste, la danza,
> Battaglie, conviti, ben tutto gli sta.
> Or della Contessa l'assedio egli avanza,
> E intanto il marito[17] fremendo ne va.   *(esce.)*[18]

---

16. Sulla partitura è precisato che Rigoletto si rivolge "al Conte di Ceprano"
17. La partitura indica "ridendo".
18. La partitura aggiunge: "intanto nelle sale si ballerà il Perigordino"

Scena quarta

Detti e **Marullo** *premuroso.*

Marullo
Gran nuova! gran nuova!

Coro[19]

Che avvenne? parlate!

Marullo
Stupir ne dovrete...

Coro

Narrate, narrate...

Marullo
Ah ah!... Rigoletto...[20]

Coro

Ebben?

Marullo

Caso enorme!...

Coro
Perduto ha la gobba? non è più difforme?

Marullo
Più strana è la cosa!... Il pazzo possiede...[21]

---

19. Al Coro si unisce sempre anche Borsa.
20. La partitura precisa: "ridendo"
21. La partitura indica che le parole "Il pazzo possiede" vanno cantate "con gravità"

Coro
Infine?

Marullo
Un'amante...

Coro[22]
Un'amante! Chi il crede?

Marullo
Il gobbo in Cupido or s'è trasformato!...

Coro
Quel mostro Cupido!...[23] Cupido beato!...

22. Il Coro interviene, secondo la partitura, "con sorpresa".
23. Nel canto, con migliore articolazione: "Quel mostro? Cupido!"

Scena quinta

Detti e il Duca *seguito da* Rigoletto, *poi da* Ceprano.

Duca *(a Rigoletto)*
Ah quanto Ceprano, importuno niun v'è...[24]
La cara sua sposa è un angiol per me!

Rigoletto
Rapitela.

Duca
È detto; ma il farlo?[25]

Rigoletto
Stassera.

Duca
Né pensi tu al conte?[26]

Rigoletto
Non cè la prigione?

Duca
Ah no.

Rigoletto
Ebben... l'esilia.[27]

---

24. Nel canto questo verso, mal riuscito soprattutto per la difficile articolazione di "niun", è così modificato: "Ah più di Ceprano importuno non v'è!".
25. Dramma: "*Le Roi*: C'est facile à dire et malaisé a faire".
26. Dramma: "*Triboulet*: Enlevons-la cette nuit. -*Le Roi*: Et le comte?".
27. Nel canto "s'esiglia". La correzione è stata probabilmente suggerita dal desiderio di eliminare ogni possibile confusione con il sostantivo "l'esilio", anche per la suggestione col precedente "la prigione". Usando l'impersonale e inserendo la desinenza "-glia", ogni possibilità di confusione è eliminata.

Duca

Nemmeno, buffone.

Rigoletto
Adunque la testa...[28]   *(indicando di farla tagliare.)*

Ceprano *(da sé)*

(Oh l'anima nera!)

Duca
Che di' questa testa?...[29]
(battendo colla mano una spalla al Conte.)

Rigoletto

È ben naturale...
Che far di tal testa?... A cosa ella vale?[30]

Ceprano
Marrano. *(infuriato battendo la spada.)*

Duca *(a Ceprano)*
Fermate...

Rigoletto

Da rider mi fa.

Coro[31] *(tra loro.)*
In furia è montato!

---

28. Nel canto "allora... allora la testa...".
29. Il libretto è molto chiaro: il Duca si rivolge alla "testa" del Conte di Ceprano, e l'interroga: "che di(ce) questa testa?". Nel canto il verso è stato così modificato: "Che di'? questa testa!", quasi il Duca dicesse: cosa rispondi? guarda che stiamo parlando della tua testa! Soluzione non particolarmente felice.
30. Dramma: "*Le Roi* à Triboulet: Là, foi de gentilhomme, / Y penses-tu? couper la tête que voilà? / Regarde cette tête, ami! Vois-tu cela? / S'il en sort une idée, elle est toute cornue."
31. Al Coro si unisce anche Marullo, oltre al solito Borsa.

Duca *(a Rigoletto)*

Buffone, vien qua.
Ah sempre tu spingi lo scherzo all'estremo,
Quell'ira che sfidi, colpir ti potrà.

Rigoletto

Che coglier mi puote? Di loro non temo,
Del duca un protetto[32] nessun toccherà.

Ceprano *(ai Cortigiani a parte.)*
Vendetta del pazzo...

Coro

Contr'esso un rancore
Pe' tristi suoi moti, di noi chi non ha?[33]

Ceprano
Vendetta.

Coro

Ma come?

Ceprano
Domani chi ha core
Sia in armi da me.[34]

Tutti

Sì.

Ceprano

A notte.

---

32. Nel canto, molto più esattamente, "il protetto", e non "un protetto".
33. Questa frase è variamente distribuita fra Ceprano, Borsa, Marullo e il Coro.
Inoltre, nella partitura è scritto "motti", più chiaro dell'arcaico "moti".
34. I due senari di Ceprano nel canto sono così modificati: "In armi chi ha core /
Doman sia da me"

Tutti

Sarà.

(la folla dei danzatori invade la sala.)

Tutti

Tutto è gioia, tutto è festa[35]
Tutto invitaci a goder![36]
Oh guardate non par questa
Or la reggia del piacer!

35. Questo ottonario è anticipato dal Duca e Rigoletto, mentre ancora gli altri cantano "Vendetta".
36. Nel canto questo ottonario è sempre piano ("godere"), mentre l'ultimo, "Or la reggia del piacer!", è a volte tronco ("piacer"), a volte piano ("piacere").

Scena sesta

Detti e il conte di Monterone.

Monterone *(dall'interno.)*
Ch'io gli parli.

Duca

No.

Monterone *(entrando.)*
Il voglio.

Tutti

Monterone!

Monterone *(fissando il Duca con nobile orgoglio.)*
Sì, Monteron... la voce mia qual tuono
Vi scuoterà dovunque...

Rigoletto *(al Duca.)*
Ch'io gli parli.
(si avanza con ridicola gravità.)
Voi congiuraste contro noi, signore,
E noi, clementi in vero, perdonammo...[37]
Qual vi piglia or delirio... a tutte l'ore
Di vostra figlia reclamar l'onore?

---

37. Dramma: "Monseigneur! – vous aviez conspiré contre nous, / Nous vous avons
fait grâce, en roi clément et doux"

Monterone *(guardando Rigoletto con ira sprezzante.)*
    Novello insulto!...[38] Ah sì a turbare[39] *(al Duca.)*
      Sarò vostr'orgie... verrò a gridare,
      Fino a che vegga restarsi inulto
      Di mia famiglia l'atroce insulto.
      E se al carnefice pur mi darete
      Spettro terribile mi rivedrete
      Portante in mano il teschio mio
      Vendetta chiedere al mondo e a Dio.[40]

Duca
      Non più, arrestatelo.

Rigoletto
                È matto!

Coro[41]
                    Quai detti!

Monterone *(al Duca e Rigoletto.)*
      Oh siate entrambi voi maledetti.[42]
      Slanciare il cane al leon morente
      È vile, o duca... e tu serpente, *(a Rigoletto.)*
      Tu che d'un padre ridi al dolore,
      Sii maledetto!

---

38. Dramma: "Une insulte de plus!"
39. Nel canto "sturbare"
40. Nel canto il verso è così modificato: "Vendetta a chiedere al mondo, a Dio". Nel dramma Saint-Vallier conclude: "Vous voudrez, pour forcer ma vengeance à se taire, / Me rendre au bourreau. Non! Vous ne l'oserez faire, / De peur que ce ne soit mon spectre qui demain / Revienne vous parler, – cette tête à la main!"
41. Non il Coro, bensì Borsa, Marullo e Ceprano.
42. Qui è inserita l'esclamazione "Ah!" di Borsa, Marullo, Ceprano e il Coro. Nel dramma Saint-Vallier esclama: "Soyez maudits tous deux!"

Rigoletto *(da sé colpito.)*

(Che sento! orrore!)

Tutti *(meno Rigoletto.)*
Oh tu che la festa audace hai turbato,
Da un genio d'inferno qui fosti guidato;
È vano ogni detto, di qua t'allontana...
Va', trema, o vegliardo, dell'ira sovrana...
Tu l'hai provocata, più speme non v'è,
Un'ora fatale fu questa per te.

(Monterone parte fra due alabardieri; tutti gli altri seguono il Duca in altra stanza.)

Si cala per un istante la tela a fine di mutare la scena.

Scena settima

L'estremità più deserta d'una via cieca. A sinistra una casa di discreta apparenza con una piccola corte circondata da muro. Nella corte un grosso ed alto albero ed un sedile di marmo; nel muro una porta che mette alla strada; sopra il muro un terrazzo praticabile, sostenuto da arcate.
La porta del primo piano dà su detto terrazzo.
A destra della via è il muro altissimo del giardino, e un fianco del palazzo di Ceprano. È notte.

[Duetto]

Rigoletto chiuso nel suo mantello.[43] *Sparafucile lo segue,*[44] *portando sotto il mantello una lunga spada.*

Rigoletto
(Quel vecchio maledivami!)[45]

Sparafucile[46]
Signor?...[47]

Rigoletto
Va', non ho niente.[48]

Sparafucile
Né il chiesi... a voi presente
Un uom di spada sta.[49]

---

43. Nella partitura "Rigoletto chiuso in ampio e bruno mantello"
44. Nella partitura "Sparafucile pure in mantello lo segue da lontano"
45. Dramma: "Ce vieillard m'a maudit!".
46. Nella partitura "gli si avvicina".
47. Dramma: "Monsieur...".
48. Dramma: "Ah!... Je n'ai rien".
49. Dramma: "Je suis homme d'épée".

Rigoletto

Un ladro?

Sparafucile

Un uom che libera
Per poco da un rivale,
E voi ne avete...

Rigoletto

Quale?

Sparafucile

La vostra donna è là.

Rigoletto

(Che sento!) E quanto spendere
Per un signor dovrei?[50]

Sparafucile

Prezzo maggior vorrei...

Rigoletto

Com'usasi pagar?

Sparafucile

Una metà s'anticipa,
Il resto si dà poi...[51]

Rigoletto

(Dimonio!) E come puoi
Tanto securo[52] oprar?

---

50. Dramma: "Pour dépêcher un grand seigneur?"
51. Dramma: "On me donne moitié d'avance, et la moitié après"
52. Nel canto l'arcaico "securo" è mutato in "sicuro"

Sparafucile

> Soglio in cittade uccidere,
> Oppure nel mio tetto.
> L'uomo di sera aspetto...
> Una stoccata, e muor.

Rigoletto

> E come in casa?

Sparafucile

> È facile...
> M'aiuta mia sorella...
> Per le vie danza... è bella...
> Chi voglio attira... e allor...[53]

Rigoletto

> Comprendo...

Sparafucile

> Senza strepito...
> È questo il mio stromento,[54] *(mostra la spada.)*
> Vi serve?

Rigoletto

> No... al momento...

Sparafucile[55]

> Peggio per voi...[56]

---

53. Dramma: "J'ai ma soeur Maguelonne, une fort belle fille, / Qui danse dans la rue et qu'on trouve gentille. / Elle attire chez nous le galant une nuit..."
54. Nel canto "strumento". Dramma: "Voici mon instrument"
55. La partitura precisa "nasconde lo spadone"
56. Dramma: "Tant pis"

Rigoletto

Chi sa?...

Sparafucile

Sparafucil mi nomino...

Rigoletto

Straniero?...

Sparafucile

Borgognone... *(per andarsene.)*

Rigoletto

E dove all'occasione?...

Sparafucile

Qui sempre a sera.

Rigoletto

Va'

Sparafucile *(parte.)*[57]

---

57. Allontanandosi, Sparafucile ripete due volte il proprio nome, in forma tronca.

Scena ottava

[*Scena e Duetto*]

Rigoletto, guardando dietro a Sparafucile.

Pari siamo! ... io la lingua, egli ha il pugnale;
    L'uomo son io che ride, ei quel che spegne!...[58]
    Quel vecchio maledivami!...
    O uomini! ... o natura!...
    Vil scellerato mi faceste voi!...
    Oh rabbia!... esser difforme!... esser buffone!...[59]
    Non dover, non poter altro che ridere!...[60]
    Il retaggio d'ogni uom[61] m'è tolto... il pianto!...
    Questo padrone mio,
    Giovin, giocondo, sì possente, bello,
    Sonnecchiando mi dice:
    Fa' ch'io rida, buffone...[62]
    Forzarmi deggio, e farlo!... Oh, dannazione!...
    Odio a voi, cortigiani schernitori!...
    Quanta in mordervi ho gioia!...
    Se iniquo son, per cagion vostra è solo...
    Ma in altr'uom[63] qui mi cangio!...
    Quel vecchio maledivami!... tal pensiero
    Perché conturba ognor la mente mia?...
    Mi coglierà sventura?... Ah no, è follia.[64]

(*apre con chiave, ed entra nel cortile.*)

58. Dramma: "Nous sommes tous les deux à la même hauteur. / Une langue acérée, une lame pointue. / Je suis l'homme qui rit, il est l'homme qui tue"
59. Dramma: "Ah! la nature et les hommes m'ont fait / Bien méchant, bien cruel et bien lâche, en effet. / Ô rage! être bouffon! ô rage! être difforme!"
60. Dramma: "Ne vouloir, ne pouvoir, ne devoir et ne faire / Que rire!"
61. Nel canto "d'ogn'uom".
62. Dramma: "... Mon maître tout à coup survient, mon joyeux maître, / Qui, tout-puissant, aimé des femmes, conten d'être, / A force de bonheur oubliant le tombeau, / Grand, jeune, et bien portant, et roi de France, et beau, / Me pousse avec le pied dans l'ombre où je soupire, / Et me dit en bâillant: Bouffon! fais-moi donc rire!"
63. Nel canto "in altr'uomo"
64. Dramma: "Ce vieillard m'a maudit! – Pourquoi cette pensée / Revient-elle toujours lorsque je l'ai chassée? / Pourvu qu'il n'aille rien m'arriver? Suis-je fou?"

Scena nona

Detto e <u>*Gilda*</u> *ch'esce dalla casa e si getta nelle sue braccia.*

Rigoletto

Figlia...

Gilda

Mio padre!

Rigoletto

A te dappresso
Trova sol gioia il core oppresso.

Gilda

Oh quanto amore!

Rigoletto

Mia vita sei!
Senza te in terra qual bene avrei? *(sospira.)*

Gilda

Voi sospirate!... che v'ange tanto?
Lo dite a questa povera figlia...
Se v'ha mistero... per lei sia franto...
Ch'ella conosca·la sua famiglia.[65]

Rigoletto

Tu non ne hai...

Gilda

Qual nome avete?

---

65. Dramma: "Vous soupirez, quelques chagrins secrets, / N'est-ce pas? Dites-les à votre pauvre fille. / Hélas! je ne sais pas, moi, quelle est ma famille".

Rigoletto

    A te che importa?[66]

Gilda

            Se non volete
    Di voi parlarmi...

Rigoletto *(interrompendola.)*[67]

           Non uscir mai.

Gilda

    Non vo' che al tempio.

Rigoletto

            Or ben tu fai.[68]

Gilda

    Se non di voi, almen chi sia
    Fate ch'io sappia la madre mia.[69]

Rigoletto

    Deh non parlare al misero[70]
    Del suo perduto bene...
    Ella sentia, quell'angelo,
    Pietà delle mie pene...
    Solo, difforme, povero,
    Per compassion mi amò.

---

66. Dramma: "*Triboulet*: Enfant, tu n'en pas! *Blanche*: J'ignore votre nom. *Triboulet*: Que t'importe mon nom!"
67. Nella partitura si precisa: "assorto ne' suoi pensieri interrompendola".
68. Nel canto "Oh ben tu fai"; probabilmente l'"Or" del libretto è un refuso.
69. Dramma: "*Blanche*: Si vous ne voulez pas me parler de vous-même... *Triboulet*: Ne sors jamais! *Blanche*: Je suis ici depuis deux moi, / Je suis allée en tout à l'église huit fois. *Triboulet*: Bien. *Blanche*: Mon bon père, au moins, parlez-moi de ma mère!".
70. Dramma: "Oh! ne réveille pas une pensée amère..."

Morìa... le zolle coprano
Lievi quel capo amato...
Sola or tu resti al misero...
O Dio,[71] sii ringraziato!... *(singhiozzando.)*

Gilda

Quanto dolor!... che spremere
Sì amaro pianto può?
Padre, non più, calmatevi...
Mi lacera tal vista...
Il nome vostro ditemi,
Il duol che sì v'attrista...

Rigoletto

A che nomarmi?... è inutile!...
Padre ti sono, e basti...
Me forse al mondo temono,
D'alcuno[72] ho forse gli asti...
Altri mi maledicono...

Gilda

Patria, parenti, amici
Voi dunque non avete?

Rigoletto

Patria!... parenti!... dici?...[73]
Culto, famiglia, patria, *(con effusione.)*
Il mio universo è in te!

---

71. Nel canto "Dio"
72. Nel canto "d'alcuni"
73. Nel canto Rigoletto ripete esattamente il settenario di Gilda, e quindi sostituisce "dici?" con "amici!"

Gilda

Ah se può lieto rendervi,
Gioia è la vita a me!
Già da tre lune son qui venuta,
Né la cittade ho ancor veduta;
Se il concedete, farlo or potrei...[74]

Rigoletto

Mai!... mai!... uscita, dimmi unqua sei?

Gilda

No.

Rigoletto

Guai!

Gilda

(Che dissi!)[75]

Rigoletto

Ben te ne guarda!
(Potrien[76] seguirla, rapirla ancora!
Qui d'un buffone si disonora
La figlia, e ridesi...[77] Orror!) Olà? *(verso la casa.)*

74. Nel canto "farlo potrei".
75. Nel canto "Ah! che dissi!".
76. Nel canto "potrian".
77. Nel canto "e se ne ride".

Scena decima

Detti e Giovanna *dalla casa.*

Giovanna
Signor?

Rigoletto
Venendo, mi vede alcuno?
Bada, di' il vero...

Giovanna
Ah no, nessuno.

Rigoletto
Sta ben... la porta che dà al bastione
È sempre chiusa?

Giovanna
Lo fu e sarà.[78]

Rigoletto
Veglia, o donna, questo fiore *(a Giovanna.)*
Che a te puro confidai;
Veglia attenta, e non sia mai
Che s'offuschi il suo candor.
Tu dei venti dal furore
Ch'altri fiori hanno piegato
Lo difendi, e immacolato
Lo ridona al genitor.

78. Nel canto "ognor si sta".

Gilda

Quanto affetto!... quali cure!
Che temete, padre mio?[79]
Lassù in cielo, presso Dio
Veglia un angiol protettor.
Da noi stoglie le sventure
Di mia madre il priego santo;
Non fia mai divelto o infranto[80]
Questo a voi diletto fior.[81]

79. Nel canto "Non temete, padre mio".
80. Il "divelto o infranto" del libretto, nel canto diventa un più incisivo "disvelto o franto".
81. Poi Rigoletto riprende a cantare, come per una normale ripresa, la sua prima strofa, ma si interrompe al secondo verso: "Veglia, o donna, questo fiore / che a te puro confi...".

Scena undicesima

Detti ed il Duca *in costume borghese dalla strada.*

Rigoletto
Alcuno è fuori...[82]
(apre la porta della corte e, mentre esce a guardar sulla strada, il Duca guizza furtivo nella corte e si nasconde dietro l'albero, gettando a Giovanna una borsa la fa tacere.)

Gilda
     Cielo!
Sempre novel sospetto...

Rigoletto *(a Giovanna tornando.)*
Alla chiesa vi seguiva mai nessuno?

Giovanna
Mai.

Duca
  (Rigoletto!)

Rigoletto
     Se talor qui picchiano
Guardatevi da aprir...[83]

Giovanna
      Nemmeno al duca...

Rigoletto
Meno che a tutti a lui...[84] Mia figlia, addio.

---

82. Nel canto "Alcun v'è fuori...".
83. Nel canto l'intervento di Rigoletto è così modificato: "Se talor qui picchian / guardatevi da aprire!"
84. Nel canto è molto più chiaro: "Men che ad altri a Lui!"

Duca
(Sua figlia!)

Gilda

Addio, mio padre.[85]
(S'abbracciano e Rigoletto parte chiudendosi dietro la porta.)

---

85. La scena undicesima si conclude con la ripresa del duetto ("Veglia, o donna... – Quanto affetto..."), ripresa che era stata appena accennata alla fine della scena precedente.

Scena dodicesima

Gilda, *Giovanna*, il *Duca* nella corte,
poi *Ceprano* e *Borsa* a tempo sulla via.

[*Scena e Duetto*]

Gilda
Giovanna, ho dei rimorsi...

Giovanna
E perché mai?

Gilda
Tacqui che un giovin ne seguiva al tempio.

Giovanna
Perché ciò dirgli?... l'odiate dunque
Cotesto giovin, voi?

Gilda
No, no, ché troppo è bello e spira amore...

Giovanna
E magnanimo sembra e gran signore.

Gilda
Signor né principe – io lo vorrei;
Sento che povero – più l'amerei.[86]
Sognando o vigile – sempre lo chiamo,
E l'alma in estasi – gli dice t'a...[87]

---

86. Dramma: "Non. Je ne voudrais pas qu'il fût seigneur ni prince / Mais un pauvre écolier qui vient de sa province, / Cela doit mieux aimer".
87. Dramma: "Ah! je voudrais souvent, / En y songeant, le jour, la nuit, en y révant, / L'avoir là,... – devant moi, – oh oui, je t'ai...".

Duca

(esce improvviso, fa cenno a Giovanna d'andarsene, e inginocchiandosi a' piedi di Gilda termina la frase.)

T'amo!

T'amo ripetilo – sì caro accento,
Un puro schiudimi – ciel di contento!

Gilda

Giovanna?... Ahi misera! – non v'è più alcuno
Che qui rispondami!... – Oh Dio!... nessuno!...

Duca

Son io coll'anima – che ti rispondo...
Ah due che s'amano – son tutto un mondo!...

Gilda

Chi mai, chi giungere – vi fece a me?

Duca

S'angelo o demone – che importa a te?
Io t'amo...

Gilda

Uscitene.

Duca

Uscire!... adesso!...
Ora che accendene – un fuoco[88] istesso!...
Ah inseparabile – d'amore il dio
Stringeva, o vergine, – tuo fato al mio! –

---

88. Nel canto "un foco"

È il sol dell'anima, – la vita è amore,
  Sua voce è il palpito – del nostro core...[89]
E fama e gloria, – potenza e trono.
Terrene, fragili – cose qui sono.[90]
Una pur avvene – sola, divina,
  È amor che agli angeli[91] – più ne avvicina!
Adunque amiamoci, – donna celeste,
D'invidia agli uomini – sarò per te.

Gilda

(Ah de' miei vergini – sogni son queste
  Le voci tenere – sì care a me!)

Duca

    Che m'ami, deh ripetimi...

Gilda

    L'udiste.

Duca

      Oh me felice!

Gilda[92]

    Il nome vostro ditemi...
    Saperlo non mi lice?...[93]

---

89. Nella partitura il verso "Sua voce è il palpito – del nostro core...", è musicato come "Suo regno è il palpito – dell'uman core". In un secondo momento è stato riportato alla dizione del libretto, non di mano di Verdi.
90. Nel canto "Umane, fragili – qui cose sono"; l'inversione fra "qui" e "cose" è dettato dalla necessità di evitare un accento sulla seconda sillaba di "cose", accento che invece cade su "qui".
91. Nel canto "agl'angioli".
92. Durante la frase di Gilda, la partitura precisa che "compariscono sulla strada Ceprano e Borsa".
93. Nel canto "Saperlo a me non lice?".

Ceprano *(a Borsa dalla via.)*

Il loco è qui...

Duca *(pensando.)*

Mi nomino...

Borsa *(a Ceprano, e partono.)*

Sta ben...

Duca

Gualtier Maldé...
Studente sono... povero...[94]

Giovanna *(tornando spaventata.)*

Romor di passo è fuore...[95]

Gilda

Forse mio padre...

Duca

(Ah cogliere
Potessi il traditore
Che sì mi sturba!)

Gilda *(a Giovanna)*

Adducilo
Di qua al bastione... ite...[96]

Duca

Di' m'amerai tu?...

---

94. Nel canto, dopo "sono..." c'è una corona; quindi il Duca aggiunge: "e... povero...", quasi avesse letto negli occhi di Gilda il pensiero da lei confidato poco prima a Giovanna.
95. Nel canto "Rumor di passi è fuore..."
96. Nel canto "or ite".

Gilda

E voi?

Duca

L'intera vita... poi...

Gilda

Non più... non più... partite...

a due

Addio... speranza ed anima
Sol tu sarai per me.
Addio... vivrà immutabile
L'affetto mio per te.

(il Duca entra in casa scortato da Giovanna. Gilda resta fissando la porta ond'è partito.)

Scena tredicesima

[Aria]

Gilda

Gualtier Maldé!... nome di lui sì amato,
Scolpisciti[97] nel core innamorato![98]
   Caro nome che il mio cor
    Festi primo palpitar,
   Le delizie dell'amor
    Mi dei sempre rammentar!
Col pensiero[99] il mio desir
    A te ognora volerà,[100]
E pur[101] l'ultimo sospir,
    Caro nome, tuo sarà.[102]

(entra in casa e comparisce sul terrazzo con una lucerna per vedere anco una volta il creduto Gualtiero, che si suppone partito dall'altra parte.)

97. Nel canto "ti scolpisci".
98. Dramma: "Gaucher Mahiet! nom de celui que j'aime, / Grave-toi dans mon coeur!".
99. Nel canto "Col pensier"
100. Nel canto "A te sempre volerà"; all'ultima ripetizione "A te ognora volerà"
101. Nel canto "E fin".
102. Mentre Gilda ripete più volte "Gualtier Maldé" e anche le prime parole dell'aria, la partitura precisa che "entra in casa e monta lentamente sul terrazzo. Intanto la scena si riempie a poco a poco di gentiluomini mascherati"

60

Scena quattordicesima

Marullo, Ceprano, Borsa, Cortigiani armati e mascherati dalla via.
Gilda sul terrazzo che tosto rientra.

Borsa *(indicando Gilda al Coro.)*
È là.

Ceprano
    Miratela...

Coro
        Oh quanto è bella!

Marullo
Par fata od angiol.

Coro[103]
       L'amante è quella
Di Rigoletto![104]

103. A questo punto, mentre ancora Gilda sta cantando, la partitura precisa che ella "rientra nella stanza e la voce si perde a poco a poco".
104. Dramma: "Quoi! c'est là la maîtresse à messer Triboulet!"

Scena quindicesima

[Finale Primo]

Detti e **Rigoletto** *concentrato.*

Rigoletto

(Riedo!...perché?)[105]

Borsa

Silenzio... all'opra... badate a me.

Rigoletto

(Ah da quel vecchio fui maledetto!) *(urta in Borsa.)*
Chi è là?[106]

Borsa *(ai compagni.)*

Tacete... c'è Rigoletto.

Ceprano

Vittoria doppia!... l'uccideremo...[107]

Borsa

No, ché domani più rideremo...

Marullo

Or tutto aggiusto...

Rigoletto

(Chi parla qua?)

Marullo

Ehi Rigoletto?... Di'?

---

105. Dramma: "Je reviens... à quoi bon? Ah! je ne sais pourquoi!"
106. Nel canto "Chi va là?"
107. Dramma: "Victoire double! Tuons le traître!".

Rigoletto *(con voce terribile.)*

Chi va là!

Marullo

Eh non mangiarci!... Son...

Rigoletto

Chi?

Marullo

Marullo.

Rigoletto

In tanto buio lo sguardo è nullo.

Marullo

Qui ne condusse ridevol cosa...
Torre a Ceprano vogliam la sposa.

Rigoletto

(Ohimè[108] respiro!...) Ma come entrare?

Marullo *(piano a Ceprano.)*
La vostra chiave?
(a Rigoletto) Non dubitare
Non dee mancarci lo stratagemma...
(gli dà la chiave avuta da Ceprano.)
Ecco le chiavi...

Rigoletto *(palpandole.)*

Sento il suo stemma. *(respirando.)*
(Ah terror vano fu dunque il mio!)
N'è là il palazzo... con voi son io.

---

108. Nel canto "Ahimè".

Marullo
Siam mascherati...

Rigoletto

          Ch'io pur mi mascheri;
A me una larva!...[109]

Marullo

          Sì, pronta è già.
Terrai la scala...   *(gli mette una maschera, e nello stesso*
tempo lo benda con un fazzoletto, e lo pone a reggere una scala, che avranno appostata
al terrazzo.)

Rigoletto

          Fitta è la tenebra...

Marullo *(a' compagni.)*
La benda cieco e sordo il fa.[110]

Tutti[111]
    Zitti, zitti moviamo a vendetta,
      Ne sia colto or che meno[112] l'aspetta.
    Derisore sì audace, costante
      A sua volta schernito sarà!...
    Cheti, cheti, rubiamgli l'amante,
      E la corte doman riderà.[113]

(alcuni salgono al terrazzo, rompon la porta del primo piano, scendono, aprono ad
altri ch'entrano dalla strada, e riescono, trascinando Gilda[114], *la quale avrà la bocca*
chiusa da un fazzoletto. Nel traversare la scena, ella perde una sciarpa.)

---

109. Termine arcaico per maschera.
110. Dramma: "Le bandeau que voilà le rend aveugle et sourd".
111. "Tutti", ma senza Rigoletto.
112. Nel canto "men".
113. Il Coro termina "Zitti, cheti, attenti all'opra".
114. Questa prima parte della didascalia sulla partitura è semplificata: "Una parte
entra nel cortile; alcuni s'internano nella casa, trascinando Gilda,...".

Gilda *(da lontano.)*
Soccorso, padre mio...

Coro *(da lontano.)*
Vittoria!...

Gilda *(più lontano.)*
Aita!

Rigoletto
Non han finito ancor!... qual derisione!...
(si tocca gli occhi.)
Sono bendato!...   *(si strappa impetuosamente la benda e la maschera, ed al chiarore d'una lanterna scordata riconosce la sciarpa, vede la porta aperta, entra, ne trae Giovanna spaventata; la fissa con istupore, si strappa i capelli senza poter gridare; finalmente, dopo molti sforzi, esclama:)*
Ah!... la maledizione!![115]   *(sviene.)*

115. Dramma: "Oh! la malédiction!".

Atto secondo

*Salotto nel palazzo ducale. Vi sono due porte laterali, una maggiore
nel fondo che si chiude. A' suoi lati pendono i ritratti in tutta figura,
della Duchessa e del Duca. V'ha un seggiolone presso una tavola
coperta di velluto.*

Scena prima

[*Scena ed Aria*]

Il <u>Duca</u> *dal mezzo agitato.*[1]

Ella mi fu rapita!
 E quando, o ciel?... ne' brevi istanti, prima
 Che un mio[2] presagio interno
 Sull'orma corsa ancora mi spignesse!...[3]
 Schiuso era l'uscio!... la magion deserta!...[4]
 E dove ora sarà quell'angiol caro?...
 Colei che poté prima in questo core[5]
 Destar la fiamma di costanti affetti?...
 Colei sì pura, al cui modesto accento[6]
 Quasi tratto[7] a virtù talor mi credo!...
 Ella mi fu rapita!...
 E chi l'ardiva?... ma ne avrò vendetta:
 Lo chiede il pianto della mia diletta.

1. Questa situazione non esiste nel dramma, dove, nel terzo atto, Blanche viene subito portata davanti al Re, che ha tutto l'agio di sedurre la fanciulla.
2. Nel canto "il mio"
3. Nel canto "spingesse"; la forma "spignesse" del libretto potrebbe essere un refuso.
4. Nel canto "e la magion deserta".
5. Il corretto endecasillabo del libretto, nel canto risulta falsato per esigenze di accenti: "Colei che prima potea in questo core"
6. Nel canto "sguardo"
7. Nella partitura autografa Verdi ha musicato "spinto" invece di "tratto"; altra mano ha poi corretto in "tratto"

Parmi veder le lagrime
  Scorrenti da quel ciglio,
  Quando fra il duolo e l'ansia[8]
  Del subito periglio,
  Dell'amor nostro memore,
  Il suo Gualtier chiamò.
Ned ei potea[9] soccorrerti,
  Cara fanciulla amata;
  Ei che vorria coll'anima
  Farti quaggiù beata;
  Ei che le sfere agli angeli[10]
  Per te non invidiò.

8. Nel canto "Quando fra il dubbio e l'ansia"
9. Nel canto "Ned ei poté"
10. Nel canto "agl'angioli"

Scena seconda

Marullo, Ceprano, Borsa ed altri
Cortigiani dal mezzo.[11]

Tutti

Duca, duca?

Duca

Ebben?

Tutti

L'amante
Fu rapita a Rigoletto.

Duca

Bella! e d'onde?[12]

Tutti

Dal suo tetto.

Duca

Ah ah! dite, come fu? *(siede.)*

Tutti

Scorrendo uniti remota via
Brev'ora dopo caduto il dì;
Come previsto ben s'era in pria
Rara beltade[13] ci si scoprì.
Era l'amante di Rigoletto
Che, vista appena, si dileguò.

---

11. La partitura precisa "entrano frettolosi".
12. Nel canto un più adatto "Come? e donde?"
13. Nel canto "beltà"

> Già di rapirla s'avea il progetto,
>   Quando il buffone[14] ver noi spuntò;
> Che di Ceprano noi la contessa
>   Rapir volessimo, stolto, credé;
> La scala quindi all'uopo messa,
>   Bendato, ei stesso ferma tené.
> Salimmo, e rapidi la giovinetta
>   Ci venne fatto quinci asportar.[15]
> Quand'ei s'accorse della vendetta
>   Restò scornato ad imprecar.

Duca

> (Che sento!...[16] è dessa la mia diletta!...
>   Ah tutto il cielo non mi rapì!)
> Ma dove or trovasi la poveretta?...   *(al coro.)*

Tutti

> Fu da noi stessi addotta or qui.

Duca *(alzandosi con gioia.)*

> (Possente amor mi chiama
>   Volar io deggio a lei;
>   Il serto mio darei
>   Per consolar quel cor.
> Ah sappia alfin chi l'ama,
>   Conosca appien[17] chi sono,
>   Apprenda ch'anco[18] in trono
>   Ha degli schiavi amor.)
> *(esce frettoloso dal mezzo.)*

---

14. Nel canto "buffon".
15. Nel canto l'intero verso è modificato: "A noi riusciva quindi asportar".
16. Nel canto "Cielo!", al posto di "Che sento!". Quindi, sempre "a parte", il Duca prosegue con "è dessa la mia diletta!". Si rivolge poi al Coro, a chiedere: "Ma dove or trovasi la poveretta?", e dopo la risposta del Coro ("Fu da noi stessi addotta or qui"), il Duca termina il suo "a parte" con "Ah tutto il cielo non mi rapì!"
17. Nel canto "alfin".
18. Il brutto "ch'anco" del libretto nel canto diventa "che anco".

Tutti

(Quale pensiero or l'agita;[19]
Come cangiò d'umor!)

19. Nel canto "Oh qual pensier or l'agita"

Scena terza

Marullo, Ceprano, Borsa, altri Cortigiani,
poi *Rigoletto* dalla destra.

[*Scena ed Aria*]

Marullo
Povero Rigoletto!...[20]

Coro

Ei vien... silenzio.

Tutti
Buon giorno, Rigoletto...

Rigoletto
(Han tutti fatto il colpo!)[21]

Ceprano

Ch'hai di nuovo?

Buffon?[22]

Rigoletto[23]
Che dell'usato
Più noioso voi siete.

---

20. Subito si sente la voce di Rigoletto, "entro la scena", che canta "La ra, la ra...";
alla frase del Coro "Ei vien... silenzio", Rigoletto "entra in scena affettando
indifferenza". Nel dramma (atto III, scena III), dice un Cortigiano saltando di gioia:
"Oh! pauvre Triboulet!".
21. Dramma: "Ils ont tous fait le coup, c'est sûr!".
22. Dramma: *De Cossé*: "Quoi de nouveau? Bouffon!"
23. Rigoletto risponde a Ceprano, "contraffacendolo": "Ch'hai di nuovo, buffon?",
prosegue poi con la battuta del libretto. Da notare che la "contraffazione" si trova,
del tutto identica, nel dramma.

Tutti

Ah! ah! ah!

Rigoletto *(spiando inquieto dovunque.)*[24]
(Dove[25] l'avran nascosta?...)[26]

Tutti
(Guardate com'è inquieto!)

Rigoletto

Son felice

Che nulla a voi nuocesse
L'aria di questa notte...[28]

Marullo

Questa notte!...

Rigoletto
Sì... Ah[29] fu il bel colpo!...

Marullo

S'ho dormito sempre!

Rigoletto
Ah voi dormiste!... avrò dunque sognato!
(s'allontana[30] e vedendo un fazzoletto sopra la tavola, ne osserva inquieto la cifra.)

Tutti
(Ve' come tutto osserva!)

---

24. La partitura precisa che Rigoletto, continuando a cantare "La ra, la ra...", si "aggira per la stanza, guardando ovunque".
25. Nel canto "Ove".
26. Dramma: "Où peut-elle être?"
27. "A Marullo", precisa la partitura.
28. Dramma: "Marot, ma joie est grande que tu ne te sois pas cette nuit enrhumé"
29. Nel canto "Oh"
30. La partitura precisa "s'allontana cantarellando", quindi "afferra" il fazzoletto.

Rigoletto

(Non è il suo.)   *(gettandolo.)*

Dorme il duca tuttor?

Tutti

Sì, dorme ancora.

Scena quarta

Detti e un Paggio *della Duchessa.*

Paggio
Al suo sposo parlar vuol la duchessa.

Ceprano[31]
Dorme.

Paggio
Qui or or con voi non era?

Borsa
È a caccia.

Paggio
Senza paggi!... senz'armi!...

Tutti
E non capisci
Che vedere per ora non può alcuno?...[32]

Rigoletto   *(che a parte è stato attentissimo al dialogo, balzando improvviso tra loro prorompe:)*
Ah ell'è qui dunque!... Ell'è col duca!...[33]

Tutti
Chi?

---

31. La partitura affida a Marullo la risposta al Paggio.
32. Nel canto "Che per ora vedere non può alcuno?". L'accento su "ora", piuttosto che su "(ve)dére", migliora la comprensione del momento scenico. Nel dramma: "On vous dit, comprenez-vous ceci? que le Roi ne peut voir personne!".
33. Nel canto i due "Ell'è" del libretto sono trasformati in più incisivi "Ella è".

Rigoletto
La giovin che stanotte
Al mio tetto rapiste...

Tutti

Tu deliri![34]

Rigoletto
Ma la saprò riprender... Ella è qui...[35]

Tutti
Se l'amante perdesti, la ricerca
Altrove.

Rigoletto[36]
Io vo' mia figlia...[37]

Tutti

La sua figlia...

Rigoletto
Sì, la mia figlia... D'una tal vittoria...
Che?... adesso non ridete?...
Ella è là... la vogl'io... la renderete.[38]

(corre verso la porta di mezzo, ma i Cortigiani gli attraversano il passaggio.)

34. Questo intervento è omesso.
35. Nel canto "Ella è là...".
36. Nella partitura "con accento terribile".
37. Dramma: "Je veux ma fille!".
38. Nel canto "la ridarete!", che tuttavia è meno chiaro e preciso del "la renderete!" del libretto, un verbo che ritroviamo nella successiva invettiva di Rigoletto, all'inizio della seconda strofa. La didascalia che segue, in partitura è analoga, ma resa in termini più concitati: "si getta verso la porta che gli viene dai Cortigiani contesa".

Cortigiani, vil razza dannata,[39]
  Per qual prezzo vendeste il mio bene?
  A voi nulla per l'oro sconviene,
  Ma mia figlia è impagabil tesor.
La rendete... o se pur disarmata
  Questa man per voi fora cruenta;
  Nulla in terra più l'uomo paventa,
  Se dei figli[40] difende l'onor.
Quella porta, assassini, m'aprite:

(si getta ancor sulla porta che gli è nuovamente contesa dai gentiluomini; lotta alquanto, poi torna spossato[41] sul davanti del teatro:)

  Ah! voi tutti a me contro venite!... *(piange.)*
  Ebben piango... Marullo... signore,
  Tu ch'hai l'alma gentil come il core,
  Dimmi or tu dove[42] l'hanno nascosta?
  È là?... È vero?...[43] tu taci!... perché?[44]
Miei signori... Ah[45] perdono, pietate...[46]
  Al vegliardo la figlia ridate...
  Ridonarla[47] a voi nulla ora costa,
  Tutto il mondo[48] è tal figlia per me.[49]

39. Dramma: "Courtisans! courtisans! démons! race damnée!".
40. Nel canto "Se de' figli".
41. La partitura indica "ansante".
42. Nel canto "ove".
43. Nel canto un molto più efficace "Non è vero?".
44. Nel canto "perché"; quindi l'indicazione "piange". Nel dramma: "Hé bien? je pleure, oui! / Marot, tu t'es de moi bien assez réjoui. / Si tu gardes une âme, une tête inspirée, / Un coeur d'homme du peuple, encor, sous ta livrée, / Où me l'ont-ils cachée, et qu'en ont-ils fait, dis? / Elle est là, n'est-ce pas? [...] / Marot! mon bon Marot! – Tu te tais!".
45. Nel canto l'esclamazione "Ah" è omessa.
46. Dramma: "Je demande pardon, messeigneurs, sous vos pieds!".
47. Nel canto "Il ridarla".
48. Nel canto un molto più dolente "Tutto al mondo".
49. Dramma: "C'était la seule chose au monde que j'avais!".

Scena quinta

Detti e Gilda *ch'esce dalla stanza a sinistra e si getta nelle paterne braccia.*

[*Scena e Duetto*]

Gilda
Mio padre!

Rigoletto
                    Dio! mia Gilda!...[50]
Signori, in essa è tutta
La mia famiglia...[51] Non temer più nulla,
Angelo mio... fu scherzo, non è vero?...[52] *(ai Cortigiani.)*
Io che pur piansi or rido... E tu a che piangi?...

Gilda
Il ratto... l'onta, o padre!...[53]

Rigoletto
                    Ciel! che dici?

Gilda
Arrossir voglio innanzi a voi soltanto...[54]

Rigoletto *(rivolto ai Cortigiani con imperioso modo:)*
Ite di qua voi tutti...
Se il duca vostro d'appressarsi osasse,
Che non entri[55] gli dite, e ch'io ci sono.
                    (si abbandona sul seggiolone.)

---

50. Rigoletto prosegue "soffocato dal pianto".
51. Dramma: "Mon enfant! ah! c'est elle! ah! ma fille! / Ah! messieurs! Voyez-vous? c'est toute ma famille, / Mon ange!".
52. Dramma: "Ne crains plus rien. – C'était une plaisanterie, / C'était pour rire".
53. Nel canto l'intervento di Gilda è più bruciante: "Ah l'onta, padre mio!".
54. Dramma: "Pas devant tous ces hommes! / Rougir devant vous seul!".
55. Nel canto "Ch'ei non entri", sottolineando l'aggressivo riferimento al Duca.

Tutti

(Co'[56] fanciulli e coi dementi
Spesso giova il simular.
Partiam pur, ma quel ch'ei tenti
Non lasciamo d'osservar.)[57]

(escon dal mezzo e chiudon la porta.)

56. Nel canto "Coi".
57. Dramma: "Aux fous comme aux enfants on céde quelque chose. / Veillons pourtant de peur d'accident".

Scena sesta

Rigoletto e Gilda.

Rigoletto
Parla... siam soli.

Gilda

(Ciel dammi coraggio!)
Tutte le feste al tempio
Mentre pregava Iddio,
Bello e fatale un giovane[58]
S'offerse[59] al guardo mio...
Se i labbri nostri tacquero,
Dagli occhi il cor parlò.
Furtivo tra le tenebre
Sol ieri a me giungeva...
Sono studente, povero,[60]
Commosso mi diceva,
E con ardente palpito
Amor mi protestò.
Partì... il mio core aprivasi
A speme più gradita,
Quando improvvisi apparvero[61]
Color che m'han rapita
E a forza qui m'addussero
Nell'ansia più crudel

---

58. Nel canto "giovine".
59. Nel canto "Offriasi".
60. Nel canto "Sono studente e povero", con chiaro riferimento alle parole del Duca (atto I, scena XII): "studente sono... e... povero...".
61. Nel canto un più appropriato "entrarono".

Rigoletto

Non dir... non più, mio angelo...
  (T'intendo, avverso ciel![62]
Solo per me l'infamia
  A te chiedeva, o Dio...
  Ch'ella potesse ascendere
  Quanto caduto er'io...
  Ah presso del patibolo
  Bisogna ben l'altare!...
  Ma tutto ora scompare...
  L'altar si rovesciò!)
Piangi, fanciulla, e scorrere[63]
  Fa il pianto sul mio cor.

Gilda

Padre, in voi parla un angelo[64]
  Per me consolator.

Rigoletto

Compiuto pur quanto a fare mi resta,[65]
  Lasciare potremo quest'aura funesta.

Gilda

Sì.

Rigoletto

(E tutto un sol giorno cangiare poté!)

---

62. Questi due versi di Rigoletto non sono musicati.
63. Nel canto "scorrer" invece di "e scorrere".
64. Nel canto "un angiol".
65. Nel canto "a fare ci resta".

Scena settima

Detti, un <u>Usciere</u> e il Conte di <u>Monterone</u>, che dalla destra attraversa il fondo della sala fra gli alabardieri.

Usciere *(alle guardie.)*
Schiudete... ire al carcere Castiglion[66] dee.

Monterone *(fermandosi verso il ritratto.)*[67]
Poiché fosti invano da me maledetto,
Né un fulmine o un ferro colpiva[68] il tuo petto,
Felice pur anco, o duca, vivrai...

(esce fra le guardie dal mezzo.)

Rigoletto
No, vecchio,[69] t'inganni, – ... un vindice avrai.[70]

---

66. Nel libretto è scritto "Castiglion", che era il nome del Conte di Monterone nella precedente redazione librettistica.
67. Ovviamente il ritratto del Duca.
68. Nel canto "colpisce", che tuttavia è meno efficace del "colpiva" del libretto.
69. Nel canto un più scialbo "O vecchio".
70. Dramma: "Comte! vous vous trompez. – Quelqu'un vous vengera!".

Scena ottava

Rigoletto e Gilda.

Rigoletto *(con impeto volto al ritratto.)*
Sì, vendetta, tremenda vendetta
Di quest'anima è solo desio...
Di punirti già l'ora s'affretta,
Che fatale per te tuonerà.
Come fulmin scagliato da Dio
Il buffone colpirti saprà.[71]

Gilda *(da sé.)*
O mio padre qual gioia feroce
Balenarvi negli occhi vegg'io!...
Perdonate... a noi pure una voce
Di perdono dal cielo verrà.
(Mi tradiva, pur l'amo, gran Dio
Per l'ingrato ti chiedo[72] pietà!).[73]

(escon dal mezzo.)

---

71. Nel canto "Te colpire il buffone saprà", dove ancora una volta il Duca ("Te") viene messo nella maggiore evidenza.
72. Nel canto Gilda si rivolge a Dio con la seconda persona plurale: "vi chiedo"
73. Dramma: "O Dieu! n'écoutez pas, car je l'aime toujours!"

Atto terzo

*Deserta sponda del Mincio. A sinistra è una casa in due piani,
mezza diroccata, la cui fronte, volta allo spettatore, lascia vedere
per una grande arcata l'interno d'una rustica osteria al piano
terreno, ed una rozza scala che mette al granaio, entro cui, da un
balcone, senza imposte, si vede un lettuccio.*
*Nella facciata che guarda la strada è una porta che s'apre per di
dentro; il muro poi n'è sì pien di fessure, che dal di fuori si può
facilmente scorgere quanto avviene nell'interno.*
*Il resto del teatro rappresenta la deserta parte del Mincio, che nel
fondo scorre dietro un parapetto in mezza ruina; al di là del fiume è
Mantova. È notte.*

Scena prima

Gilda e *Rigoletto* inquieto, *sono sulla strada,* Sparafucile *nell'interno della
osteria, seduto presso una tavola, sta ripulendo il suo cinturone, senza nulla intendere
di quanto accade al di fuori.*

[*Scena e Canzone*]

Rigoletto
E l'ami?

Gilda
    Sempre.

Rigoletto
        Pure
Tempo a guarirne t'ho lasciato.

Gilda
        Io l'amo.

Rigoletto
Povero cor di donna!...[1] Ah il vile infame!...
Ma avrai vendetta, o Gilda...

Gilda
Pietà, mio padre...

Rigoletto
               E se tu certa fossi
Ch'ei ti tradisse, l'ameresti ancora?

Gilda
Nol so, ma pur m'adora.

Rigoletto
Egli!...

Gilda
    Sì.

Rigoletto
       Ebbene,[2] osserva dunque.
(la conduce presso una delle fessure del muro, ed ella vi guarda.)

Gilda
                   Un uomo
Vedo.

Rigoletto
    Per poco attendi.

1. Dramma: "Et tu l'aimes! – Toujours! – Je t'ai pourtant laissé / Tout le temps de guérir cet amour insensé. – / Je l'aime. – O pauvre coeur de femme!".
2. Nel canto "Ebben".

Scena seconda

Detti ed il Duca, *che, in assisa di semplice officiale di cavalleria, entra nella sala terrena per una porta a sinistra.*

Gilda *(trasalendo.)*

Ah padre mio!

Duca *(a Sparafucile)*

Due cose e tosto...

Sparafucile

Quali?

Duca

Una stanza e del vino...[3]

Rigoletto

(Son questi i suoi costumi!)

Sparafucile

(Oh il bel zerbino!)

(entra nella vicina stanza.)

Duca

La donna è mobile
Qual piuma al vento,[4]
Muta d'accento – e di pensier.

---

3. Verdi musica un testo diverso: "Tua sorella e del vino..."; l'eufemismo "una stanza" venne adottato in un secondo tempo per motivi di censura, ma la correzione sulla partitura non è di mano di Verdi; non vi è alcun motivo per non adottare, oggi, la versione originale. Nel dramma: "Deux choses, sur-le-champ. – Quoi? – Ta soeur et mon verre".
4. Dramma: "Souvent femme varie, / Bien fol est qui s'y fie! / Une femme souvent / N'est qu'une plume au vent!"

Sempre un amabile
  Leggiadro viso,
  In pianto o in riso, – è menzogner.[5]
È sempre misero
  Chi a lei s'affida,
  Chi le confida – mal cauto il cor!
Pur mai non sentesi
  Felice appieno
  Chi su quel seno – non liba amor![6]

Sparafucile

(rientra con una bottiglia di vino e due bicchieri che depone sulla tavola, quindi batte col pome della sua lunga spada due colpi al soffitto. A quel segnale una ridente giovane, in costume di zingara, scende a salti la scala. Il Duca corre per abbracciarla, ma ella gli sfugge. Frattanto Sparafucile, uscito sulla via, dice a parte a Rigoletto:)
È là il vostr'uomo... viver dee o morire?

Rigoletto
Più tardi tornerò l'opra a compire.

Sparafucile *(si allontana dietro la casa lungo il fiume.)*

---

5. Questo verso nel canto è sempre piano, "menzognero"; il verso corrispondente della precedente strofa è invece sia piano ("pensiero") che tronco.
6. Questo verso, e quello corrispondente della terza strofa, nel canto sono sempre piani: "core" e "amore".

Scena terza

Gilda e *Rigoletto* nella via, il *Duca* e *Maddalena* nel piano terreno.

[Quartetto]

Duca

> Un dì, se ben rammentomi,
> O bella, t'incontrai...
> Mi piacque di te chiedere,
> E intesi che qui stai.
> Or sappi, che d'allora
> Sol te quest'alma adora.

Maddalena

> Ah ah!... e vent'altre appresso
> Le scorda forse adesso?...
> Ha un'aria il signorino
> Da vero libertino...[7]

Duca

> Sì?... un mostro son... *(per abbracciarla.)*

Maddalena[8]

>   Lasciatemi,
> Stordito.

Duca

> Eh[9] che fracasso!

Maddalena

> Stia saggio.

---

7. Dramma: "Et vingt autres encore! / Monsieur, vous m'avez l'air d'un libertin parfait!".
8. Prima dell'intervento di Maddalena, Gilda esclama "Ah padre mio!...".
9. Nel canto l'esclamazione è "Ih".

Duca

E tu sii docile,
Non farmi tanto chiasso.
Ogni saggezza chiudesi
Nel gaudio e nell'amore... *(le prende la mano.)*
La bella mano candida!...

Maddalena

Scherzate, voi signore.

Duca

No, no.

Maddalena

Son brutta.

Duca

Abbracciami.

Maddalena[10]

Ebro...

Duca *(ridendo.)*

D'amore[11] ardente.

Maddalena

Signor l'indifferente.
Vi piace canzonar?...

Duca

No, no, ti vo' sposar.

Maddalena

Ne voglio la parola...

---

10. Prima dell'intervento di Maddalena, Gilda esclama "Iniquo".
11. Nel canto "D'amor".

Duca *(ironico.)*

    Amabile figliuola!

Rigoletto *(a Gilda che avrà tutto osservato ed inteso.)*

    Ebben?... ti basta ancor?...[12]

Gilda

    Iniquo traditor!

Duca

    Bella figlia dell'amore[13]
      Schiavo son de' vezzi tuoi;
      Con un detto sol tu puoi
      Le mie pene consolar.
    Vieni, e senti del mio core
      Il frequente palpitar.

Maddalena

    Ah! ah! rido ben di core,
      Ché tai baie costan poco;
      Quanto valga il vostro giuoco,
      Mel credete, so apprezzar.
    Sono avvezza, bel signore,
      Ad un simile scherzar.

Gilda

    Ah così parlar d'amore
      A me pur l'infame ho udito!
      Infelice cor tradito,
      Per angoscia non scoppiar.
    Perché, o credulo mio core,
      Un tal uom dovevi amar![14]

---

12. Nel canto l'intervento di Rigoletto è "E non ti basta ancor!".
13. Dramma: "Quelle fille d'amour délicieuse et folle!".
14. I due ultimi versi della strofa di Gilda non sono musicati.

Rigoletto *(a Gilda)*

Taci, il piangere non vale;
Ch'ei mentiva or sei secura...[15]
Taci e mia sarà la cura
La vendetta d'affrettar.[16]
Pronta fia, sarà fatale,
Io saprollo fulminar.

Rigoletto *(a Gilda)*

M'odi, ritorna a casa...
Oro prendi, un destriero,
Una veste viril che t'apprestai,
E per Verona parti...
Sarovvi io pur domani...[17]

Gilda

Ora venite...[18]

Rigoletto

Impossibil.

Gilda

Tremo.

Rigoletto

Va.[19] *(Gilda parte.)*

(Durante questa scena e la seguente il Duca e Maddalena stanno fra loro parlando, ridendo, bevendo. Partita Gilda, Rigoletto va dietro la casa, e ritorna parlando con Sparafucile, e contando delle monete.)

---

15. Nel canto "sicura".
16. Nel canto "La vendetta ad affrettar".
17. Nel canto "doman".
18. Nel canto "Or venite...".
19. Dramma: "Ecoute. Va chez moi, prends-y des habits d'homme, / Un cheval, de l'argent, n'importe quelle somme, / Et pars, sans t'arrêter un instant en chemin, / Pour Evreux, où j'irai te joindre après demain. / [...] Va. – Venez avec moi, mon bon père! – Impossible. / – Ah! je tremble! – A bientôt! Fais ce que je te dis".

Scena quarta

Sparafucile, Rigoletto, il Duca e Maddalena.

[*Scena, Terzetto e Tempesta*]

Rigoletto
Venti scudi hai tu detto?... Eccone dieci;
E dopo l'opra il resto.
Ei qui rimane?

Sparafucile
Sì.

Rigoletto
Alla mezza notte
Ritornerò.

Sparafucile
Non cale.
A gettarlo nel fiume basto io solo.

Rigoletto
No, no, il vo' far io stesso.

Sparafucile
Sia... il suo nome?

Rigoletto
Vuoi saper anco[20] il mio?
Egli è *Delitto, Punizion* son io.
(parte, il cielo si oscura e tuona.)[21]

---

20. Nel canto "anche".
21. E subito dopo "entro la scena si vedrà un lampo".

Scena quinta

Detti, meno Rigoletto.

Sparafucile
La tempesta è vicina!...
Più scura fia la notte.

Duca
Maddalena?... *(per prenderla.)*

Maddalena *(sfuggendogli.)*
Aspettate... mio fratello
Viene...[22]

Duca
Che importa? *(s'ode il tuono.)*

Maddalena
Tuona?

Sparafucile *(entrando.)*
E pioverà tra poco.

Duca
Tanto meglio.
Io qui mi tratterrò...[23] tu dormirai *(a Sparafucile)*
In scuderia... all'inferno... ove vorrai.

Sparafucile
Grazie.[24]

Maddalena *(piano al Duca.)*
(Ah no... partite.)

---

22. Anche qui "un lampo".
23. "Io qui mi tratterrò" non è musicato.
24. Nel canto "Oh grazie!".

Duca *(a Maddalena)*

(Con tal tempo?)

Sparafucile *(piano a Maddalena.)*
(Son venti scudi d'oro.)
    (al Duca)   Ben felice
D'offrirvi la mia stanza... se a voi piace
Tosto a vederla andiamo.

        (prende un lume e s'avvia per la scala.)

Duca
Ebben sono con te... presto, vediamo.
(dice una parola all'orecchio di Maddalena e segue Sparafucile.)

Maddalena
(Povero giovin!... grazioso tanto!   *(tuona.)*
Dio!... qual mai notte è questa!)[25]

Duca

(giunto al granaio, vedendone il balcone senza imposte:)
Si dorme all'aria aperta? bene, bene...
Buona notte.

Sparafucile
      Signor, vi guardi Iddio.

Duca
Breve sonno dormiam... stanco son io.[26]
*(depone il cappello, la spada e si stende sul letto, dove in breve addormentasi.
Maddalena frattanto siede presso la tavola, Sparafucile beve dalla bottiglia lasciata dal
Duca. Rimangono ambidue taciturni per qualche istante, e preoccupati da gravi
pensieri.)*

25. Nel canto "Dio! qual notte è questa!".
26. Dopo una breve pausa, il Duca "ripetendo la canzone si addormenta": si tratta
naturalmente di "La donna è mobile".

Maddalena
È amabile invero cotal giovinotto.

Sparafucile
Oh sì... venti scudi ne dà di prodotto...

Maddalena
Sol venti!... son pochi!... valeva di più.

Sparafucile
La spada, s'ei dorme, va', portami giù.

Maddalena (*sale al granaio e contemplando il dormente:*)
Peccato!... è pur bello![27]
(ripara alla meglio il balcone e scende.)

---

27. Maddalena esegue le indicazioni delle didascalie, ma non canta questa frase.

Scena sesta

Detti e Gilda *che comparisce nel fondo della via in costume virile, con stivali e speroni, e lentamente si avanza verso l'osteria, mentre* Sparafucile *continua a bere. Spessi lampi e tuoni.*

Gilda

> Ah più non ragiono!...
> Amor mi trascina!... mio padre, perdono...
> *(tuona.)*
> Qual notte d'orrore!... Gran Dio che accadrà!

Maddalena *(sarà discesa ed avrà posato la spada del Duca sulla tavola.)*

> Fratello?

Gilda *(osserva pella fessura.)*

> Chi parla?

Sparafucile *(frugando in un credenzone.)*

> Al diavol ten va.

Maddalena

> Somiglia un Apollo quel giovine...[28] io l'amo...
> Ei m'ama... riposi... né più l'uccidiamo.

Gilda *(ascoltando.)*

> Oh cielo!...

Sparafucile *(gettandole un sacco)*

> Rattoppa quel sacco...

Maddalena

> Perché?

---

28. Nel canto "quel giovane".

Sparafucile

    Entr'esso il tuo Apollo, sgozzato da me,
    Gettar dovrò al fiume...[29]

Gilda

              L'inferno qui vedo!

Maddalena

    Eppure il danaro[30] salvarti scommetto,
    Serbandolo in vita.

Sparafucile

          Difficile il credo.

Maddalena

    M'ascolta...[31] anzi facil ti svelo un progetto.
    De' scudi, già dieci dal gobbo ne avesti;
    Venire cogli altri più tardi il vedrai...
    Uccidilo, e venti allora ne avrai,
    Così tutto il prezzo goder si potrà.

Sparafucile

    Uccider quel gobbo!... che diavol dicesti!
    Un ladro son forse? Son forse un bandito?...
    Qual altro cliente da me fu tradito?...
    Mi paga quest'uomo... fedele m'avrà.

Gilda

    Che sento!... mio padre!...[32]

---

29. Un altro lampo.
30. Nel canto "il denaro".
31. Nel canto "Ascolta...".
32. Questa battuta di Gilda viene cantata durante la strofa di Maddalena, non appena lei dice "Uccidilo".

Maddalena

Ah grazia per esso.

Sparafucile
È d'uopo ch'ei muoia...

Maddalena *(va per salire.)*

Fuggire il fo adesso...

Gilda
Oh buona figliuola!

Sparafucile *(trattenendola.)*

Gli scudi perdiamo.

Maddalena
È ver!...

Sparafucile

Lascia fare...

Maddalena

Salvarlo dobbiamo.

Sparafucile
Se pria ch'abbia il mezzo la notte toccato
Alcuno qui giunga, per esso morrà.[33]

Maddalena
È buia la notte, il ciel troppo irato,
Nessuno a quest'ora da qui[34] passerà.

---

33. Altro lampo.
34. Nel canto "di qui".

Gilda

Oh qual tentazione!... morir per l'ingrato!...
Morire!... e mio padre!... Oh cielo pietà![35]

(battono le undici e mezzo.)

Sparafucile

Ancor c'è mezz'ora.[36]

Maddalena *(piangendo.)*

Attendi, fratello...

Gilda

Che! piange tal donna!... Né a lui darò aita!...
Ah s'egli al mio amore[37] divenne rubello
Io vo' per la sua gettar la mia vita...[38]

(picchia alla porta.)

Maddalena

Si picchia?

Sparafucile

Fu il vento...[39]

Gilda

(torna a bussare.)

---

35. Da qui "lampi continui"; poi, dopo la ripresa del canto a tre, uno "scoppio di fulmine", per eseguire il quale Verdi prescrive: "Dovrassi fare una macchina di ferri e di tavole che battono gli uni contro le altre onde imitare questo scoppio". Subito dopo una campana batte cinque colpi, e un'altra suona la mezz'ora: sono, come precisa il libretto, le undici e mezzo, poiché ancora intorno alla metà dell'Ottocento era consuetudine contare le ore della notte a partire dall'Angelus, e di conseguenza la mezzanotte era indicata da sei colpi.
36. Nel canto "Ancor c'è mezz'ora".
37. Nel canto "affetto".
38. "Scoppio di fulmine", quindi Gilda batte alla porta.
39. "Scoppio di fulmine", e ancora Gilda batte.

Maddalena

Si picchia, ti dico.

Sparafucile
È strano!...

Maddalena

Chi è?[40]

Gilda

Pietà d'un mendico,
Asil per la notte a lui concedete.

Maddalena
Fia lunga tal notte!

Sparafucile

Alquanto attendete.
(va a cercare nel credenzone.)

Gilda[41]

Ah presso alla morte, sì giovane,[42] sono!
Oh cielo pegli empi ti chiedo perdono...[43]
Perdona tu, o padre, a questa infelice!...
Sia l'uomo felice – ch'or vado a salvar.

Maddalena

Su spicciati, presto, fa' l'opra compita:
Anelo una vita – con altra[44] salvar.

---

40. Anche "Chi è?" viene cantato da Sparafucile.
41. Prima è Maddalena a cantare, e i suoi due versi sono preceduti e seguiti da un lampo. Poi canta Sparafucile, infine Gilda, mentre scoppiano lampi continui e comincia a scrosciare la pioggia.
42. Nel canto "sì giovine".
43. Nel canto questo verso è "Oh ciel per quegl'empi ti chieggo perdono...".
44. Nel canto "coll'altra".

Sparafucile

    Ebbene... son pronto, quell'uscio dischiudi;
    Piucch'altro gli scudi – mi preme salvar.

(va a postarsi con un pugnale dietro la porta; Maddalena apre, poi corre a chiudere la grande arcata di fronte, mentre entra Gilda, dietro a cui Sparafucile chiude la porta, e tutto resta sepolto nel silenzio e nel buio.)[45]

45. Mentre si svolgono queste azioni, i tre personaggi dicono:
Maddalena: Spicciati! – *Sparafucile*: Apri! – *Maddalena*: Entrate! – *Gilda*: Dio!...
Loro perdonate!... – *Maddalena e Sparafucile*: Entrate!
I lampi, i tuoni e i fulmini sono al culmine, poi lentamente decrescono d'intensità e di frequenza, fino a cessare quasi del tutto.

Scena settima

Rigoletto solo si avanza dal fondo della scena chiuso nel suo mantello. La violenza del temporale è diminuita, né più si vede e sente che qualche lampo e tuono.

[*Scena e Duetto Finale*]

Rigoletto
Della vendetta alfin giunga l'istante!
Da trenta dì l'aspetto
Di vivo sangue a lagrime piangendo
Sotto la larva del buffon...[46] quest'uscio!...

(esaminando la casa.)

È chiuso!... Ah non è tempo ancor!... S'attenda.[47]
Qual notte di mistero!
Una tempesta in cielo!...
In terra un omicidio!...
Oh come invero qui grande mi sento!...[48]

(suona mezza notte.)[49]

Mezza notte!...[50]

46. Un altro lampo.
47. Un lampo.
48. Dramma: "Quel temps! nuit de mystére! / Une tempête au ciel! un meurtre sur la terre! / Que je suis grand ici!".
49. Naturalmente sei colpi di campana. Vedi precedente nota 35.
50. Quindi "picchia alla porta".

Scena ottava

Detto e Sparafucile *dalla casa.*

Sparafucile

Chi è là?

Rigoletto *(per entrare.)*

Son io.

Sparafucile

Sostate.

(rientra e torna trascinando un sacco.)

È qui spento il vostr'uomo...

Rigoletto *(gli dà una borsa.)*

O gioia!... un lume!...

Sparafucile[51]

Lesti all'onda il gettiam...

Rigoletto

No... basto io solo.

Sparafucile

Come vi piace... Qui men atto è il sito...
Più avanti è più profondo il gorgo... Presto
Che alcuno[52] non vi sorprenda... Buona notte.

(rientra in casa.)[53]

---

51. Prima delle parole stampate sul libretto, Sparafucile canta: "Un lume! no! il denaro!"; e a questo punto Rigoletto "gli dà una borsa".
52. Nel canto "Che alcun".
53. Un lampo.

Scena nona

Rigoletto, poi il *Duca* a tempo.

Rigoletto

Egli è là!... morto!... Oh sì!... vorrei vederlo!
Ma che importa!... è ben desso!... Ecco i suoi sproni!...
Ora mi guarda, o mondo,...
Quest'è un buffone, ed un potente è questo!...
Ei sta sotto a' miei piedi!...[54] È desso! È desso!...[55]
È giunta alfin[56] la tua vendetta, o duolo!...
Sia l'onda a lui sepolcro,
Un sacco il suo lenzuolo!...[57]
(fa per trascinare il sacco verso la sponda, quando è sorpreso dalla lontana voce del Duca, che nel fondo attraversa la scena.)
Qual voce!... illusion notturna è questa!...[58]
No!... No!... egli è desso!... è desso!...[59] *(trasalendo.)*
Maledizione! Olà... dimon bandito?... *(verso la casa.)*
Chi è mai,[60] chi è qui in sua vece!... *(taglia il sacco.)*
Io tremo... È umano corpo!... *(lampeggia.)*

54. Nel canto "Ei sta sotto i miei piedi". Nel dramma: "Maintenant, monde, regarde-moi. / Ceci c'est un bouffon, et ceci c'est un roi! / [...] Le voilà sous mes pieds, je le tiens, c'est lui-même".
55. Il secondo "È desso!" nel canto viene sostituito da "Oh gioia!", e subito dopo un lampo.
56. Nel canto "È giunta alfine!".
57. Nel canto Rigoletto aggiunge "All'onda! all'onda!"; e subito si ode il canto del Duca.
58. Dramma: "Quelle voix! quoi? / Illusions des nuits, vous jouez-vous de moi?".
59. Il secondo "è desso!" non è musicato.
60. Nel canto "Chi mai".

Scena ultima

Rigoletto e Gilda.

Rigoletto
Mia figlia!... Dio!... mia figlia!...
Ah no... è impossibil!... per Verona è in via!...
Fu vision!...[61] È dessa!... *(inginocchiandosi.)*
Oh mia Gilda!... fanciulla... a me rispondi!...
L'assassino mi svela... Olà?... Nessuno!...
(picchia disperatamente alla casa.)
Nessun!... mia figlia?...[62]

Gilda
Chi mi chiama?

Rigoletto
Ella parla!... si move!...[63] è viva!... oh Dio!...
Ah[64] mio ben solo in terra...
Mi guarda... mi conosci...

Gilda
Ah... padre mio...

Rigoletto
Qual mistero!... che fu!... sei tu ferita?...[65]

Gilda
L'acciar qui mi piagò... *(indicando il core.)*

Rigoletto
Chi t'ha colpita?...

---

61. Qui l'ultimo lampo.
62. Nel canto Rigoletto aggiunge ancora: "mia Gilda? oh mia figlia!".
63. Nel canto "si muove!" Nel dramma: "Qui m'appelle?... – Elle parle! elle remue un peu!".
64. Nel canto l'esclamazione è "Oh!".
65. Nel canto Rigoletto aggiunge "dimmi?...".

Gilda

V'ho ingannato... colpevole fui...
L'amai troppo... ora muoio per lui!...[66]

Rigoletto

(Dio tremendo!... ella stessa fu colta
Dallo stral di mia giusta vendetta!...)
Angiol caro... mi guarda, m'ascolta...
Parla... parlami, figlia diletta?

Gilda

Ah ch'io taccia!... a me... a lui perdonate...
Benedite alla figlia, o mio padre...
Lassù... in cielo... vicina[67] alla madre...
In eterno per voi... pregherò.

Rigoletto

Non morir... mio tesoro... pietate...[68]
Mia colomba... lasciarmi non dei...
Se t'involi... qui sol rimarrei...
Non morire... o ch'io teco morrò!...[69]

Gilda

Non più... a lui... perdo... nate...
Mio padre... Ad...dio!...[70] *(muore.)*

Rigoletto

Gilda! mia Gilda!... È
morta!...
Ah la maledizione!

(strappandosi i capelli cade sul cadavere della figlia.)

---

66. Dramma: "Ah! tout est de ma faute, et je vous ai trompé. / Je l'amais trop, je meurs... pour lui".
67. Nel canto "vicino".
68. Nel canto "pietade".
69. Nel canto "o qui teco morrò".
70. Dramma: "Pardonnez-lui! mon père... Adieu!".